Un autunno magico

... und viele weitere Kurzgeschichten
aus dem italienischen Alltag

von
Claudia Mencaroni

PONS 10-Minuten-Lektüren ITALIENISCH

Un autunno magico ... und viele weitere
Kurzgeschichten aus dem italienischen Alltag

von
Claudia Mencaroni

Alle Personen und Handlungen sind erfunden. Ähnlichkeiten mit lebenden oder verstorbenen Personen und tatsächlichen Begebenheiten wären rein zufällig.

6. Auflage 2026

Projektleitung: Christine Lippet
Redaktion: Federica Tommaddi
Logoentwurf: Erwin Poell, Heidelberg
Logoüberarbeitung: Sabine Redlin, Ludwigsburg
Titelfotos: shutterstock/PHOTOCREO Michal Bednarek (Weinberge), shutterstock/Atstock Productions (Holzplatte), shutterstock/GCapture (Leine mit Wäscheklammern und Zetteln)
Innenlayout: Petra Michel, Essen
Satz: tebitron gmbh, Gerlingen
Druck: Multiprint Ltd., Kostinbrod

ISBN: 978-3-12-562278-4

Schenken
Sie diesem Vorwort
ein paar Minuten
Zeit!

Die Geschichten

Perfekt für 10 Minuten!
In diesem Buch finden Sie 15 kurze italienische Geschichten, mit denen Sie wunderbar jede Pause, Wartezeit oder Busfahrt verkürzen können.

Mit locker-leichten Geschichten lernen Sie den **italienischen Alltag** kennen und erweitern mühelos Ihren Italienisch-Wortschatz zu grundlegenden Themen.

Lesefreundlich!
Worthilfen stehen direkt über dem Wort: Haus **casa**. So können Sie weiterlesen, ganz ohne Blättern und Suchen im Wörterbuch. Manche Wörter sind **rot** markiert. Das sind Wörter, die in den **Mind-Maps** auftauchen. Dazu mehr auf der nächsten Seite!

Platz für Notizen
Der große Zeilenabstand bietet auch Raum für Ihre eigenen Eintragungen.

Die Mind-Maps

Das wird Ihr Gehirn lieben!
Unser Gehirn freut sich über Strukturen. Es sortiert Dinge gerne in Gruppen ein, da es sie sich so leichter merken kann.

Wortfelder statt Listen
Auch Wörter lassen sich in thematisch zusammenhängenden Gruppen viel einfacher lernen und merken als in umfangreichen Listen.

Natürlicher Gedankengang
Wenn Sie an einen Begriff denken, dann meistens nicht an diesen allein! In der Regel haben Sie, wie auf einer Gedanken-Landkarte (Mind-Map), verwandte Dinge vor Augen.

Deshalb finden Sie nach jeder Geschichte eine **Mind-Map**, die das zentrale Thema der Geschichte in Form von Vokabeln aufgreift und weiterführt. Hier begegnen Ihnen die rot markierten Wörter aus den Geschichten wieder und viele weitere. Sie sind thematisch gruppiert und liebevoll illustriert.

Viel Spaß & Erfolg beim Entdecken wünscht Ihnen die PONS-Redaktion

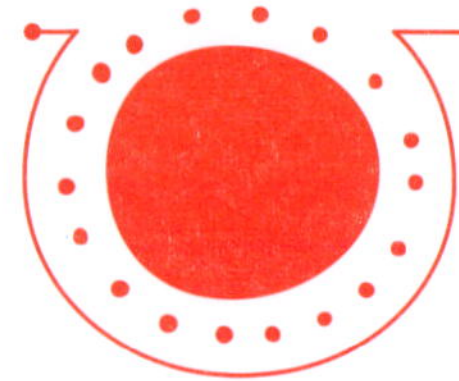

INHALT

Nel bosco (Wald)

Siamo cinque cugini e viviamo in giro per l'Europa: Luigi si è trasferito a Londra e fa l'attore, Maria è una **ricercatrice** (Forscherin) e viaggia tra la Francia e la Germania, Riccardo è un designer e ha una start up ad Amsterdam, Sofia, la più piccola, è in Erasmus a Madrid, mentre io sono l'unica **rimasta** (geblieben) in Italia: ho una piccola libreria nel centro di Siena, in Toscana.

La casa in campagna dei nonni, nelle **colline** (Hügel) della Maremma, è il luogo della nostra infanzia. Da piccoli ci trascorrevamo tutte le lunghe estati: tre mesi **a piedi nudi** (barfuß), a contatto con gli animali, **ci arrampicavamo** (wir kletterten) sugli alberi, facevamo **escursioni** (Ausflüge) nei **boschi** (Wälder), pescavamo nei **ruscelli** (Bäche) e guardavamo le **stelle cadenti** (Sternschnuppen).

Adesso che i nonni non ci sono più, la casa appartiene ancora a tutta la famiglia e noi cugini ci trascorriamo almeno una settimana d'estate, tutti insieme.

Quest'anno siamo in tanti perché sono venuti anche i nostri

genitori, alcuni fidanzati e amici, così abbiamo montato una **tenda** (Zelt) in giardino e alcuni di noi dormono in **sacco a pelo** (Schlafsack) tra i profumi della notte e il canto dei grilli.

Stamattina ci siamo svegliati tutti presto e abbiamo fatto colazione. Adesso qualcuno sfoglia un libro, **qualcun altro** (jemand anders) prende il sole. E io mi godo la pace di questo momento.

"Andiamo all'**Abbazia** (Abtei)?", dice Riccardo.

"A fare cosa?", chiede Sofia.

"Sì, è una bella idea!", dice Maria.

"Dai, **facciamo una passeggiata** (wir machen eine Spaziergang), così ci muoviamo un po'!", risponde Luigi.

"A piedi? Ma siete pazzi?", aggiunge Sofia.

"Non è lontana: è qui **di fronte** (gegenüber). Guarda!", Riccardo indica con il dito la grande Abbazia sulla collina davanti a noi.

"Riccardo, ma cosa dici? C'è una **valle** (Tal) in mezzo! Sembra vicina, ma non lo è!", dico.

"Ma no, è proprio qui di fronte. Se passiamo per il bosco, c'è sicuramente una **scorciatoia** (Abkürzung)", dice Riccardo già in piedi.

"Dai, vi prego, andiamo in macchina", si lamenta Sofia.

“**Neanche per sogno!** (Nicht im Traum!)”, dice Luigi. “Ci farà bene camminare un po’!”.

“Prendiamo gli **zaini** (Rucksäcke) e gli **scarponi** (Bergschuhe), allora!”, dice Maria.

“Preparo qualche panino! Voi riempite le **borracce** (Wasserflaschen)!”, grida Riccardo dalla cucina.

Io e Sofia ci guardiamo rassegnate. “Prendiamo una **mappa** (Landkarte) dei **dintorni** (Umgebung)?”, domando sottovoce.

“Una mappa? Ma non ci serve! Conosciamo benissimo questi luoghi”, dice Luigi.

“Però all’Abbazia non ci siamo mai andati a piedi!”, protesta Sofia. “Tranquilli, non c’è problema”, dice Riccardo. “È qui di fronte! Come facciamo a **perderci** (uns verlaufen)?”.

“E poi abbiamo gli smartphone!”, aggiunge Maria.

Dopo mezz’ora siamo tutti e cinque pronti per partire.

Prendiamo subito il **sentiero** (Weg) che da casa nostra porta verso il bosco. Ora siamo tutti di buon umore e io alla fine sono contenta di questa giornata solo tra noi in mezzo alla natura. Sofia si è messa le **cuffie** (Kopfhörer), ascolta la musica e sorride.

“Andiamo da questa parte!”, dice Riccardo.

"Ma cosa dici Riccardo? Da quella parte il sentiero **si interrompe** (reißt ab)! Dobbiamo prendere quest'altra direzione", risponde Maria.

"**Vi fidate di me?** (Vertraut ihr mir?) Andiamo dritti verso l'Abbazia, faremo prima!", insiste Riccardo.

"Ma sì! Sicuramente a un certo punto ritroveremo un sentiero", dice Luigi.

"E va bene...", seguiamo tutti Riccardo che **procede** (geht voran) a passo svelto **nel folto** (im Dickicht) del bosco. Chiacchieriamo e ci raccontiamo storie fra risate e scherzi.

Camminiamo per un bel po', poi alcuni di noi hanno fame. Vediamo un **mulino** (Mühle) abbandonato e decidiamo di fermarci lì vicino. Cerchiamo **una roccia piatta** (einen flachen Stein) per sederci e prendiamo i panini. Io sono **pensierosa** (nachdenklich). Abbiamo camminato per quasi tre ore, ma da qui l'Abbazia non si vede. Riccardo sostiene che siamo nella direzione giusta, ma...

La temperatura intanto **è scesa** (ist gesunken), cominciamo a sentire freddo. A Sofia fanno male i piedi, la batteria del suo telefono è quasi **scarica** (leer) e non può più ascoltare musica.

“Io torno indietro, sono stanca”, annuncia.

“Ma dove vai? Resta qui. Ormai siamo arrivati”, le dice Riccardo. “Andiamo avanti, su, zaini in spalla!”.

“Ma non possiamo cercare delle **indicazioni** (Hinweise)?”, chiedo. Prendo il mio smartphone e mi accorgo che non c’è **campo** (Empfang).

“Non ne abbiamo bisogno”, risponde Riccardo. “Se andiamo da questa parte, arriviamo proprio davanti all’Abbazia, fidatevi”.

Il problema è che io non mi fido più, e forse neanche gli altri. Camminiamo a lungo, il bosco è sempre più **fitto** (dicht), siamo costretti a **scavalcare** (über … klettern) **tronchi** (Baumstämme) e arrampicarci, Luigi è finito in un **rovo di more** (Brombeerstrauch) e **si è graffiato** (kratzte sich) braccia e viso, Maria **è scivolata** (ist gerutscht). Inoltre fa davvero freddo e nessuno di noi ha una felpa.

Abbiamo preso dei **bastoni** (Stöcke) per aiutarci a camminare tra i **rami** (Zweige) e la vegetazione. A ogni passo è facile farsi male: **inciampiamo** (stolpern), scivoliamo, ci graffiamo.

“Basta, Riccardo”, **esplodo** (explodiere ich). “**Non ne posso più** (Ich kann nicht mehr)! Sono stanca morta e **per di più** (zudem) ci siamo persi! **Ammettilo** (Gib es zu) e cerchiamo aiuto!”.

"Che stupidi siamo stati, perché non abbiamo preso quella benedetta mappa?", dice Luigi.

böse
Maria è arrabbiata e guarda Riccardo **di traverso**. Sofia
schnäuzt sich
si soffia il naso. Marco è silenzioso e guarda in basso.

bellen
Poi, all'improvviso, sentiamo **abbaiare**, sempre più forte.

"Siamo qui!!!", grido.

"Siamo qui!!!", gridiamo tutti insieme.

Er wedelt mit dem Schwanz
E così appare Gaspare, il cane dei vicini. **Scodinzola** un po' e poi torna indietro sul sentiero da cui era venuto.

Noi lo seguiamo senza dire una parola.

In quindici minuti siamo fuori dal bosco, ci guardiamo intorno
beleuchtet
e... l'Abbazia è ancora là di fronte, **illuminata** dal sole che tramonta. E noi?

Ausgangspunkt
Siamo praticamente a casa, **al punto di partenza**.

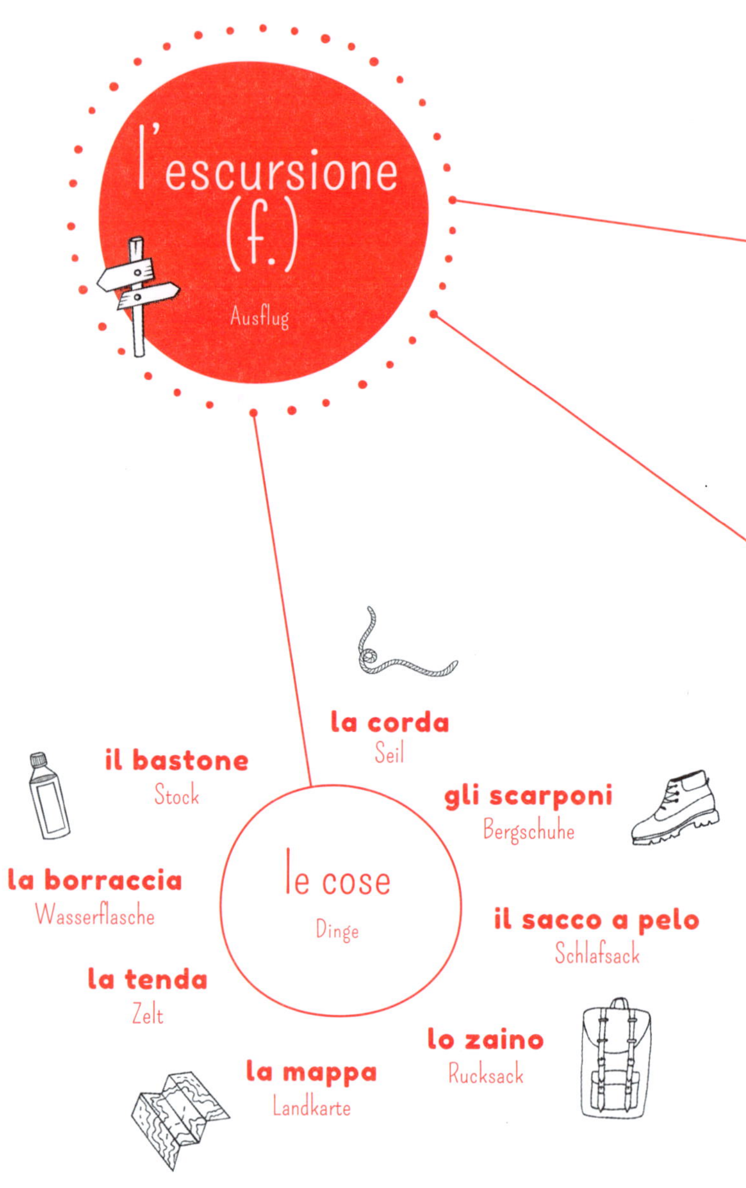
l'escursione (f.)
Ausflug
le cose
Dinge
la corda
Seil
il bastone
Stock
gli scarponi
Bergschuhe
la borraccia
Wasserflasche
il sacco a pelo
Schlafsack
la tenda
Zelt
lo zaino
Rucksack
la mappa
Landkarte

i luoghi
Orte
la montagna
Berg
il fiume
Fluss
il sentiero
Weg
il lago
See
il ruscello
Bach
il bosco
Wald
la valle
Tal
la collina
Hügel

le azioni
Handlungen
perdersi
sich verlaufen
scivolare
rutschen
arrampicarsi
klettern
campeggiare
campen, zelten
scalare
überklettern
fare una passeggiata
einen Spaziergang machen

2 Il mistero del gorgonzola

Blauschimmelkäse aus der Lombardei

È una mattina tranquilla nel supermercato Spesa amica.

"*Nessun dorma... nessun dorma...**", canta Simone, il

Lagerarbeiter
magazziniere: sta portando le cassette di frutta e verdura nel

Obst- und Gemüseabteilung
reparto ortofrutta.

Verkäufer / Ware
Intanto Cosimo, il **commesso**, mette in ordine la **merce** sugli

Regale
scaffali.

Poi si gira verso un uomo e chiede: "Posso aiutarla?".

"No, grazie, ho già preso mele e arance", risponde l'uomo,

Plastikhandschuhe
mentre si toglie i **guanti di plastica** e mette le buste nel

Einkaufswagen
carrello.

Metzger
Intanto Marco, il **macellaio**, sta preparando degli hamburger,

Wursthändler / schneidet gerade ... in Scheiben
e Quinto, il **salumiere**, **sta affettando** del prosciutto crudo

per una cliente.

Leiter
"Buongiorno, ragazzi!", saluta il signor Piero, il **direttore**, che,

Gänge
come tutte le mattine, sta facendo una passeggiata tra le **corsie**

del supermercato per un controllo veloce. E intanto raccoglie qualche **cestino** (Körbchen) rimasto in giro. "Etciù!", **starnutisce** (niest).

Ha la sua solita allergia.

"**Salute** (Gesundheit), direttore!", dice il **pescivendolo** (Fischverkäufer) dietro al **banco** (Theke) del pesce.

Nel frattempo, alla **cassa** (Kasse) arrivano due bei ragazzi alti e sorridenti.

"Non li ho mai visti, saranno dei turisti…", pensa Mina, la **cassiera** (Kassiererin).

I due posano una **confezione** (Packung) di würstel e alcune birre.

La cassiera mette i prodotti in una busta: "Sei euro e quaranta centesimi, grazie!".

Uno dei due paga, l'altro prende la **spesa** (Einkäufe), guarda Mina negli occhi e le dice: "*Vielen Dank!*".

La mattina trascorre lenta, fino a quando verso mezzogiorno tre uomini della polizia entrano e si guardano intorno.

Uno di loro chiede a Mina: "Buongiorno, dove possiamo trovare il direttore?". "È appena andato nel **reparto surgelati** (Tiefkühlabteilung)", dice la cassiera.

"Grazie!", risponde il poliziotto.

L'atmosfera è diventata improvvisamente ferma e silenziosa.

"Lei è Piero Padovan? Direttore del supermercato Spesa amica?", domanda il poliziotto.

"Sì, sono io. Che cosa posso fare per voi?", chiede il direttore.

"Dobbiamo fare qualche domanda a lei e al suo **personale** (Personal)", risponde il poliziotto.

"Perché? Che cosa è successo?", si agita il signor Piero.

"Le spiego. Lei sa che due giorni fa **è stata uccisa** (wurde umgebracht) una donna...", inizia a raccontare.

"Sì, sì, lo so", risponde il direttore.

"Abbiamo trovato sul **luogo del delitto** (Tatort) uno **scontrino** (Kassenbon) di questo supermercato... Sappiamo già che non è della donna. Quindi forse è un indizio per trovare l'**assassino** (Mörder)", spiega il poliziotto. "Dobbiamo parlare con tutto il personale".

"Certamente", dice il signor Piero. Allora chiama il magazziniere: "Simone! Per favore, metti un cartello all'ingresso, chiudiamo per un po'. Dobbiamo rispondere ad alcune domande degli **agenti** (Polizisten)".

"Certo, direttore", risponde Simone. "*Nessun dorma... nessun dorma...*", **canticchia** (trällert).

"Cosimo, per favore, tu aiuta le persone dentro il negozio a finire gli **acquisti** (Einkäufe) e poi **accompagnali** (begleite sie) alla cassa", dice il direttore al commesso.

"Subito!", risponde lui.

In dieci minuti tutti i clienti sono usciti, il personale si raggruppa attorno al direttore.

Uno dei poliziotti comincia: "Abbiamo trovato uno scontrino sul luogo del delitto della donna assassinata due giorni fa. Vogliamo risalire alla persona che lo stesso giorno ha ricevuto questo scontrino", spiega il poliziotto.

Uno dei colleghi mostra un foglio: è l'**ingrandimento** (Vergrößerung) dello scontrino. È breve, ci sono solo tre prodotti.

"Dallo scontrino possiamo vedere che il cliente ha comprato del pane, dei prodotti **in offerta** (im Angebot) e qualcosa nel reparto **salumeria** (Wurstwarenabteilung) quindi o del prosciutto o del formaggio. Vi ricorda qualcosa?", chiede l'agente. Nessuno risponde.

"Il pane ha un prezzo molto alto...", dice il poliziotto.

"Allora sarà del pane alle **noci** (Walnüsse). Era martedì e il martedì abbiamo solo pane alle noci", spiega Quinto il salumiere.

"Capisco", dice il poliziotto mentre scrive qualcosa sul foglio. "E cosa mi potete dire dei prodotti in offerta?".

"Questa settimana abbiamo solo alcune bevande in offerta, dal prezzo possiamo capire che cosa sono. Si tratta di due bottiglie di birra", risponde Mina la cassiera.

Bleibt
"Ottimo lavoro!", dice l'agente. "**Resta** l'acquisto in salumeria".

"Quinto, ricordi qualcosa?", chiede il direttore.

ich serviert habe
"No, signor Piero. Come faccio a ricordare che cosa **ho servito** martedì mattina?", risponde il salumiere.

Detail
"Però c'è un **dettaglio** importante", spiega il poliziotto. "Lo
Zeitstempel
scontrino ha un **orario**: le 13.07, quindi dopo la chiusura del supermercato".

A quel punto i ragazzi del personale si guardano tra loro.

"*Ma il mio mistero è chiuso in me...*", canticchia Simone il magazziniere, mentre si allontana. I colleghi lo guardano.

"Ora mi ricordo", dice Quinto il salumiere. "Ho servito del
ist hingefallen
gorgonzola. Mentre lo tagliavo, **è caduto** un pezzo **per terra**".

"Perfetto!", dice l'agente contento.

Rechnung
"E lei, signorina, ricorda qualcosa? Un **conto** con del pane, della

birra e del gorgonzola?", chiede l'altro poliziotto alla cassiera.

Mina non sorride più. Guarda per terra.

"È molto strano", interrompe il direttore. "Noi chiudiamo sempre un po' in **anticipo** (im Voraus) e quindi non facciamo mai scontrini dopo le 13. **A meno che** (Es sei denn)...".

La cassiera alza gli occhi, sono pieni di **agitazione** (Unruhe).

"A meno che...?", **incalza** (drängt) il poliziotto.

"*Il nome mio nessun saprà...*", canticchia ancora Simone.

"Può essere solo uno di noi", dice il direttore.

"Mi ricordo a chi ho fatto quello scontrino", dice Mina tutto **d'un fiato** (in einem Zug). "Era il pranzo di Simone".

Tutti si girano contemporaneamente verso il magazziniere.

E nello choc generale si alza un canto **a gran voce** (mit lauter Stimme): "*All'alba vincerò... vincerò... vincerò!*".

* **Nessun dorma** (Niemand schlafe) ist die berühmte Arie zu Beginn des 3. Aktes der Oper Turandot von Giacomo Puccini.

il magazzino
Warenlager
la pescheria
Fischmarkt
il reparto surgelati
Tiefkühlabteilung
i reparti
Abteilungen
il reparto ortofrutta
Obst- und Gemüseabteilung
la salumeria
Wurstwarenhandlung
la macelleria
Metzgerei
il super-mercato
Supermarkt
la cassa
Kasse
lo scaffale
Regal
lo scontrino
Kassenbon
l'arredamento (m.) e altro
Ausstattung und mehr
il carrello
Einkaufswagen
la corsia
Gang
il cestino
Körbchen
il banco
Theke

i prodotti
Produkte

la spesa
Einkäufe

in offerta
im Angebot

il piatto pronto
Fertiggericht

la merce
Ware

la confezione
(Ver)packung

i surgelati (pl.)
Tiefkühlkost

il personale
Personal

il direttore/ la direttrice
Leiter/-in

il/la salumiere/-a
Wursthändler/-in

il/la magazziniere/-a
Lagerarbeiter/-in

il/la macellaio/-a
Metzger/-in

il/la cassiere/-a
Kassierer/-in

il/la commesso/-a
Verkäufer/-in

il/la pescivendolo/-a
Fischverkäufer/-in

Una faccia da sindaco (Bürgermeister)

"Sei il **candidato** (Kandidat) perfetto per il sindaco del nostro paese!", dice Gianna convinta.

Piergiorgio la guarda confuso: "Ma, non so. E poi io di politica non capisco niente!".

"Ma sei un bel ragazzo, hai la faccia **pulita** (ehrlich)... Sei nato e cresciuto in questo paese, la gente ti conosce e **ispiri** (erweckst) fiducia...", insiste Gianna.

"...e sono timido, lo sai!", conclude lui.

Gianna **sbuffa** (schnaubt): "Con te è come parlare al muro!".

"Come faccio a **candidarmi** (kandidieren) se non so nulla? Non so che cosa dire, non so che cosa fare... So solo di essere **di sinistra** (links), ma poi? Sono un **riformista** (Reformist)? Un **progressista** (Progressist)? Mio padre mi chiamava rivoluzionario... ma cosa significa veramente? Perché mi dovrebbero **eleggere** (wählen) sindaco?", chiede Piergiorgio.

"Stai tranquillo, per questo ci sono io. Ti spiegherò tutto, ti sarò accanto per tutta la **campagna elettorale** (Wahlkampf), risponderò a tutte le tue domande e decideremo insieme il nostro programma e la nostra **linea** (Linie) politica", dice Gianna.

"Ma perché non ti candidi tu, allora?", la provoca Piergiorgio.

"Lo sai perché: **partorirò** (ich werde entbinden) fra sei mesi! Non è il momento per me. Però, se funziona la nostra **coalizione** (Koalition), posso sempre candidarmi fra quattro anni", gli risponde Gianna.

I due amici si guardano: lui confuso, lei **incoraggiante** (ermutigend).

"E poi non è vero che non sai niente di politica: tu conosci la gente del nostro paese e i suoi problemi. Si tratta solo di cercare le soluzioni insieme. Puoi farlo! Sei la persona giusta!".

Piergiorgio non sa più cosa rispondere.

"Hai vinto", dice infine. "Va bene, mi candido".

Gianna lo abbraccia. "Lo sapevo! Grazie, Pier! Vedrai, sarà un successo!".

"**Me lo immagino** (Das kann ich mir denken)...".

Gianna fa finta di non sentirlo e **si rimbocca le maniche** (sie krempelt die Ärmel hoch): "Allora, cominciamo!".

Gli occhi di Piergiorgio si riempiono di paura, ma la sua amica ormai **è partita** (hat losgelegt) e lui sa bene che nessuno la fermerà.

"Tanto per cominciare, dobbiamo andare al **partito** (Partei), definire il programma e pensare alla campagna elettorale!".

"Una cosa più divertente dell'altra...", dice Piergiorgio.

"Se vuoi fare qualcosa di divertente, pensa alle fotografie", risponde secca Gianna.

"Quali fotografie?", chiede lui sorpreso.

"Le fotografie per la campagna elettorale: **volantini** (Flugblätter), **manifesti elettorali** (Wahlplakate). Dobbiamo **sfruttare** (ausnutzen) la tua immagine!".

Così Piergiorgio si mette d'accordo con un fotografo e fa un vero e proprio **servizio fotografico** (Fotoshooting) per cercare l'immagine migliore: in studio, all'aperto nelle zone più conosciute del paese e anche in casa sua.

"Allora, che cosa ne pensi?", chiede a Gianna quando le mostra le fotografie.

"Forse sarebbe meglio qualcosa di più semplice", risponde lei.

"Non ti piacciono?", chiede Piergiorgio.

"Sono molto belle, ma **a noi serve** (wir brauchen) la tua faccia! La tua faccia pulita, onesta, rilassata. In queste foto sei troppo piccolo, non ti riconosco nemmeno! Serve un **primo piano** (Vordergrund), semplice, spontaneo. Solo la tua faccia, capito?".

"Ma allora ti porto una **fototessera** (Passfoto)!", si arrabbia lui.

"Bravo, qualcosa di simile andrà bene!", risponde lei.

Piergiorgio **è a disagio** (fühlt sich unbehaglich). L'idea del paese **tappezzato** (tapeziert) di manifesti enormi con la sua foto **gigante** (riesengroß) lo terrorizza.

Alcuni giorni dopo, Gianna lo chiama al telefono: "Ma dove sei?!? Tra poco inizia la **conferenza stampa** (Pressekonferenz)!".

"Arrivo, scusami, ero dal fotografo!", risponde Piergiorgio.

"Pier, ti ho già detto che va bene una foto normale. Una foto **qualsiasi** (irgendein). Devi solo sorridere e sembrare una persona semplice. Stai esagerando con questa storia delle foto! E adesso **sbrigati** (beeile dich)! Siamo tutti qui. Ti aspettiamo", Gianna chiude la telefonata.

Le giornate trascorrono veloci, tra riunioni con il partito, analisi dell'**opposizione** (Opposition), stesura della **lista elettorale** (Wählerliste) e preparazione dei discorsi.

"Allora è pronta la foto? Dobbiamo stampare i manifesti!", dice Gianna.

"Sì sì, te la spedisco subito via mail".

machen wir uns an die Arbeit
"Grazie!", risponde lei. "E ora **mettiamoci al lavoro**!".

Wahlen
"Giusto! Le **elezioni** si avvicinano e dobbiamo prendere la
Mehrheit
maggioranza dei voti!".

entschlossen
"Bravo, Pier! Ti vedo molto **deciso**, sono contenta! Di questo passo, fra qualche anno, sarai in Parlamento!", sorride Gianna.

tötet
"No no! Solo l'idea di fare altre foto per i manifesti mi **uccide**!", e i due amici scoppiano a ridere.

La mattina dopo Gianna telefona a Piergiorgio: "Ciao, senti, ho chiamato il grafico. Ha consegnato tutto in tipografia, fra due giorni appenderanno i tuoi manifesti in tutto il paese!".

"Eh, non vedo l'ora...", sussurra Piergiorgio.

niedergeschlagen
"Ma perché sei così **abbattuto**?", gli chiede lei.

"Questa storia delle foto... la mia faccia grande quanto una parete!".

"La foto era perfetta, stai tranquillo!", lo consola lei.

"Ma sarà dappertutto... tutti la vedranno... tutti mi vedranno...", ribatte lui.

du wirst dich daran gewöhnen
"Non ti preoccupare, **ci farai l'abitudine** e fra qualche giorno

non ci penserai più. Anche perché saremo in piena campagna elettorale e avrai altro per la testa!".

Due giorni dopo Piergiorgio si sveglia con la **suoneria** (Klingelton) del telefono. È arrivato un messaggio di Gianna: "Proprio una faccia da sindaco! Complimenti!". C'è anche un **allegato** (Anhang). Lo apre: è un manifesto elettorale con il suo nome PIERGIORGIO SAPONARO.

Ma... la foto... non è la sua! C'è un **uomo di mezza età** (Mann mittleren Alters) **senza capelli** (kahl) e con occhiali **spessi** (dick)...

"Gianna! Ma che cosa è successo con i manifesti!", urla agitato al telefono.

Dall'altra parte silenzio.

"Gianna! Che cosa è successo alla mia foto?", insiste Piergiorgio nel panico.

A questo punto l'amica scoppia in una grande risata: "È uno scherzo, Pier! È tutto **a posto** (in Ordnung)! In paese si parla solo della tua faccia pulita e onesta. Una faccia da sindaco!", dice lei.

Piergiorgio si butta sul letto: sarà una lunga, lunga campagna elettorale.

entrare in politica
in die Politik einsteigen
eleggere
wählen
candidarsi
kandidieren
le azioni
Handlungen
astenersi
sich enthalten
allearsi
sich verbünden
la politica
Politik
l'opposizione (f.)
Opposition
la coalizione
Koalition
la campagna elettorale
Wahlkampf
il manifesto elettorale
Wahlplakat
la maggioranza
Mehrheit
il/la candidato/-a
Kandidat/-in
la conferenza stampa
Pressekonferenz

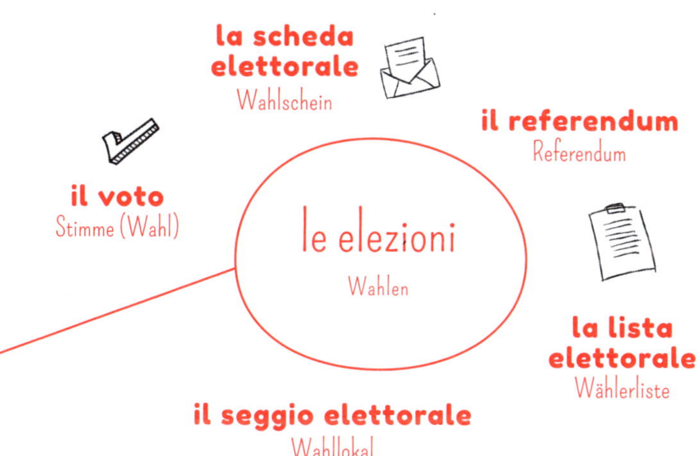
la scheda elettorale
Wahlschein
il referendum
Referendum
il voto
Stimme (Wahl)
le elezioni
Wahlen
la lista elettorale
Wählerliste
il seggio elettorale
Wahllokal

i riformisti
die Reformisten
i verdi
die Grünen
la destra
Rechte
i partiti
Parteien
la sinistra
Linke
i conservatori
die Konservativen
i progressisti
die Progressisten

Un esame da 30 e lode

SpazioK è uno **studio** (Atelier) di artisti: siamo in cinque tra **pittori** (Maler) e **scultori** (Bildhauer). **Ognuno** (Jeder) di noi ha il suo spazio: io lavoro con **acquerelli** (Wasserfarben) e **tempere** (Temperafarben), ma anche con colla, forbici, stoffe e materiali vari, qualcun altro ha un **cavalletto** (Staffelei), una **tavolozza** (Farbpalette) e tanti **pennelli** (Pinsel). Molto utili sono i momenti di **condivisione** (Anteilnahme), quando ci aiutiamo e ci diamo dei consigli. Io sono all'inizio, quindi per me è molto importante. Studio ancora all'**Accademia di Belle Arti** (Kunstakademie), ma mi mancano pochi esami. Domenica scorsa ho osservato attentamente uno dei pittori mentre **ritraeva** (bildete ab) una modella e **stendeva il colore** (trug die Farbe auf), e ho imparato molte cose. Un altro vantaggio è che spesso andiamo insieme a vedere una **mostra** (Ausstellung) in una **galleria d'arte** (Kunstgalerie) o in **pinacoteca** (Pinakothek).

Stasera, per esempio, c'è l'inaugurazione di un evento in centro.

"Non posso venire, domani ho un esame!", dico agli altri.

"Ma sei bravissima! Una serata di **svago** (Ablenkung) non cambierà il risultato del tuo esame", risponde uno di loro.

"Ma devo svegliarmi presto...", sussurro ancora.

"Dai, Maya, non puoi perderti questa mostra! È veramente interessante", insistono ancora.

Ich gebe nach
Cedo. Sono settimane che non mi fermo: lezioni la mattina,
malen
pomeriggi a **dipingere** e notti a studiare.

Forse hanno ragione: andare a una mostra è utile per il mio lavoro, no? E l'esame è alle dieci. Non è così presto.

"Va bene, prendo il cappotto e arrivo", decido.

"Che esame hai domani?", mi chiedono, mentre passeggiamo verso il centro. "Storia dell'arte contemporanea.
abfragt
Sono abbastanza preparata, ma se mi **interroga** uno degli assistenti che non conosco?", rispondo.

"Ma no!", "Non lo pensare nemmeno!", "Tranquilla, andrà tutto bene!", mi rassicurano.

"Lo spero...", dico sottovoce.

Al vernissage c'è tanta gente. Ci offrono da bere. Io prendo il mio
Gemälde
bicchiere e inizio a guardare i **quadri**. Sono molto belli, ma la
Skizzen
cosa più interessante sono gli **schizzi**: da questi si può capire come il pittore studia le forme, pensa alla luce...

“Questo è il mio preferito”, dice una voce accanto a me.

ich schrecke hoch
Quasi **sobbalzo**. Guardo l’uomo che ha parlato.

“Anche a me piace molto”, gli dico.

Zeichnung
“C’è qualcosa di vivo in questo **disegno**”, continua lui. “Di vivo e di astratto al tempo stesso”.

Fissiamo entrambi lo schizzo, ma all’improvviso sento lo sguardo dell’uomo su di me. Mi volto e incontro i suoi occhi.

Sento un’emozione forte, come non mi succedeva da tempo.

drin schwimmen
“Hai degli occhi così liquidi… viene voglia di **nuotarci dentro**”, mi sussurra. Io non riesco più a guardarlo, bevo un goccio di prosecco, tossisco, fisso nuovamente lo schizzo.

dich in Verlegenheit bringen
“Scusami. Non volevo **metterti in imbarazzo**”, mi dice sorridendo. “Io sono Simone”, mi tende la mano.

Finalmente lo osservo: è molto più alto di me, ha degli occhi azzurri profondissimi, barba e capelli lunghi brizzolati. Sorride e continua a fissare il mio viso.

Ha una stretta di mano decisa, e non mi lascia subito.

Non so come, ma trovo un filo di voce: “Maya. Piacere di conoscerti”.

La serata prosegue, lui non si allontana un attimo da me, parliamo dei **dipinti** (Gemälde), delle mostre in città, e poi di vino, di viaggi. Gli racconto dell'atelier, dei miei sogni, degli esami all'Accademia, dei progetti per il futuro. Dopo l'imbarazzo iniziale non smettiamo di parlare, ridere, scherzare e mi sembra di conoscerlo da sempre.

A un certo punto i miei amici di SpazioK si avvicinano.

"Noi andiamo, tu che fai?", mi sorridono. "Se vuoi **ti diamo un passaggio** (wir nehmen dich (im Auto) mit) a casa".

Balbetto qualcosa, poi interviene lui: "Se vuoi ti accompagno io".

"Grazie", dico a Simone. "Ma devo tornare a casa presto. Domani ho l'esame di Storia dell'arte contemporanea".

"Davvero?", mi domanda lui molto sorpreso.

"Sì, perché?".

"Niente... è solo che... Niente. Allora è deciso: ti accompagno io!", dice e mi prende per mano.

I miei amici **ridacchiano** (kichern) tra loro: "Allora ciao!".

Simone mi porta fuori e poi facciamo due passi verso la macchina.

"Non preoccuparti, ti porto subito a casa!", mi dice. "Anch'io domattina ho un impegno".

Davanti al portone di casa mia, gli dico a **mezza voce** (halblaut): "Grazie, sono stata bene".

"Io di più", mi risponde. Mi **sfiora** (streift) il viso con una mano, ci sorridiamo.

E lo bacio. **Premo** (Ich drücke) le mie labbra contro le sue per un attimo. E poi corro via. Mi batte forte il cuore... che serata fantastica!

Quando sono sotto le coperte, però, mi accorgo di una cosa **fondamentale** (wesentlich): non ho il suo numero e lui non ha il mio. Certo, sa dove abito, ma non conosce il mio cognome, non sa chi sono...

La mattina dopo andare in Accademia per l'esame è ancora più pesante. **Mi trascino** (Ich schleppe mich) con lo zaino carico fino all'aula.

Resto in corridoio e sfoglio i libri, ma non riesco a pensare a nulla, tranne che a lui, Simone. Che uomo meraviglioso!

Ma come posso essere così stupida? Perché non gli ho chiesto un numero di telefono? Perché? E lui? Perché non me l'ha chiesto lui? "Maya Labate", mi sento chiamare. **Tocca a me** (Ich bin an der Reihe).

Basta pensare a Simone, adesso devo **passare** (bestehen) l'esame.

nehmen Sie Platz
Il professore mi accoglie con un sorriso: "Prego, **si sieda**".

Ich atme auf
Tiro un sospiro di sollievo: speravo proprio di non

geraten
capitare con uno degli assistenti.

Mi guardo intorno e sobbalzo. Non posso crederci.

Pult
Lì, seduto dietro la **cattedra**, c'è lui: Simone sta interrogando un mio amico proprio in quel momento.

"Ma... che...", dico.

zwinkert mir zu
Simone **mi fa l'occhiolino**.

"Allora, signorina, mi parli dell'Espressionismo", dice il mio professore.

strahlend
Felice e **raggiante**, inizio a parlare. E parlo, parlo come un

Hochwasser
fiume in **piena**.

Comunque andrà l'esame, per me è un 30 e lode*!

* In Italien werden die Noten an der Universität mit Dreißigstel ausgedrückt: die geringste Bewertung ist 18/30, die höchste ist 30/30.

stendere il colore
die Farbe auftragen
riprodurre
nachmalen
le azioni
Handlungen
ritrarre
abbilden
abbozzare
entwerfen
dipingere
malen
la pittura
Malerei
il pennello
Pinsel
il cavalletto
Staffelei
il quadro,
il dipinto
Gemälde
la tavolozza
Farbpalette
la tela
Leinwand
il disegno
Zeichnung
lo schizzo
Skizze

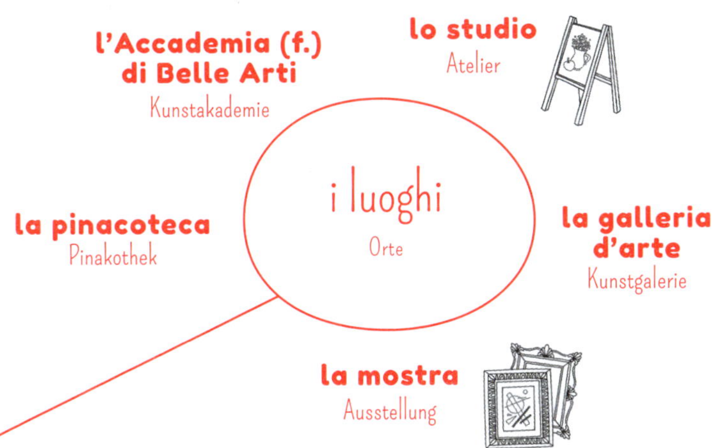

l'Accademia (f.) di Belle Arti
Kunstakademie

lo studio
Atelier

i luoghi
Orte

la pinacoteca
Pinakothek

la galleria d'arte
Kunstgalerie

la mostra
Ausstellung

il colore a tempera
Temperafarbe

a olio
Ölmalerei

il pastello
Pastellfarbe

le tecniche
Techniken

l'affresco (m.)
Freskomalerei

il carboncino
Zeichenkohle

l'acquerello (m.)
Wasserfarbe

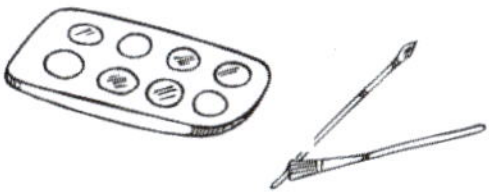

Festa di primavera

Ogni anno zio Gino organizza una festa di primavera nel giardino della sua casa al mare e invita tutta la famiglia a trascorrere la prima giornata della stagione all'**aria aperta** (im Freien).

"Ciao zio, tutto pronto per domani?", gli chiedo al telefono.

"Certo, Carla! Tutto pronto", risponde lui. "L'unico problema è che ho visto le **previsioni del tempo** (Wettervorhersage)".

"E allora?".

"**Cielo** (Himmel) **variabile** (wechselhaft) con possibilità di **precipitazioni** (Niederschlag)", dice con voce preoccupata.

"Ma si sbagliano sicuramente, zio! **Non ha mai piovuto** (Es hat nie geregnet) alla festa di primavera! E poi le temperature sono buone... vedrai che qualcuno farà anche il primo bagno al mare!", lo **incoraggio** (ermutige ich).

"Speriamo. Io, comunque, se il tempo **peggiora** (wird schlechter), ho organizzato un piano B".

"Bravo! Ma vedrai che non ne avremo bisogno!", insisto. "Verrò domattina verso le dieci per aiutarti!".

"Grazie, Carla, sei un tesoro. A domani!", risponde lo zio.

Il giorno dopo, puntuale, arrivo dallo zio e lo trovo **affaccendato** (sehr beschäftigt) in giardino.

"Zio, cosa fai?", gli chiedo. "Non mangiamo fuori?".

"Non senti che **vento** (Wind) che c'è?", dice lui, mentre porta in casa le sedie. "Non **promette** (verspricht) niente di buono!".

In effetti il tempo non è molto bello, però la festa di primavera...

"Sì d'accordo, è un po' **ventoso** (windig), ma l'**aria** (Luft) è **mite** (mild)!", provo a dire. "Dai, apparecchiamo fuori!".

Zio Gino mi guarda, poi guarda il cielo un po' **coperto** (bedeckt): "Le vedi quelle **nuvole** (Wolken)? Fra poco questo vento le porterà proprio sulle nostre teste!".

"E va bene! Quest'anno mangeremo dentro...", **lo accontento** (ich stelle ihn zufrieden).

Insieme, prepariamo i tavoli, apparecchiamo e portiamo in casa anche dei fiori freschi dal giardino. Il frigorifero è pieno di bevande, mentre il cibo lo porteranno gli invitati: ognuno un piatto. Quindi è tutto pronto.

"Vado fuori a fare una telefonata!", dico allo zio.

Così **mi accorgo** (ich bemerke) che il vento **si è calmato** (hat abgeflaut) e che le nuvole non si vedono più. Dimentico la mia telefonata e corro dentro: "Zio! Guarda com'è **sereno** (heiter)! Dai, riportiamo i tavoli e le sedie fuori! Ti aiuto io!".

"In effetti il cielo **si è schiarito** (hat aufgeklart), poi fa **caldo** (warm)... forse hai ragione...", mi dice.

Io non perdo tempo e sono già dentro a **sparecchiare** (abdecken).

Stiamo ancora mettendo le tovaglie per la seconda volta, quando inizia ad arrivare qualcuno.

"Venite, venite, stiamo apparecchiando!", dice zio Gino a Guido e Fiona.

"Ciao! Che piacere vedervi!", ci salutiamo calorosamente.

"Carla, che bravi! Avete preparato tutto in giardino!", dice Fiona.

"Sì, abbiamo spostato i tavoli più volte perché le previsioni non erano buone, ma alla fine il sole è tornato e **ci siamo fatti coraggio** (wir haben Mut geschöpft)!", le rispondo.

"Ottima idea! Non è la festa di primavera se mangiamo dentro casa!", concorda Guido.

Così finiamo di sistemare tutto e piano piano arrivano gli altri: siamo tanti e le sedie bastano **appena** (kaum). Però siamo così felici di stare tutti insieme! Ridiamo, scherziamo, beviamo qualche bicchiere di vino e ci raccontiamo le ultime novità.

Siamo così immersi nelle chiacchiere e nella gioia che nessuno si accorge del cielo che **si annuvola** (sich bewölkt) e dei primi **lampi** (Blitze) in lontananza. All'improvviso, però, un **fulmine** (Blitz) **squarcia** (durchbricht) il cielo e un **tuono** (Donner) fortissimo ci fa saltare sulle sedie.

Passa qualche secondo di **incertezza** (Unsicherheit): ci guardiamo negli occhi, qualcuno si alza... e poi un **temporale** (Gewitter) si abbatte sul giardino.

E non è una **pioggerella** (Sprühregen) primaverile, è una vera e propria **tempesta** (Sturm)!

Cerchiamo di prendere qualcosa dai tavoli, di salvare il cibo e le bottiglie, ma la **pioggia** (Regen) è talmente forte che non si vede bene neppure da un lato all'altro del tavolo.

Corriamo di qua e di là, ma non c'è molto da fare: possiamo solo **metterci al riparo** (uns unterstellen) in casa.

Eccoci, senza sedie, senza tavoli e completamente **fradici** (durchnässt)! Proviamo ad asciugarci **alla meglio** (so gut es geht) e **non ci perdiamo d'animo** (wir verlieren nicht den Mut).

Così, mentre fuori **viene giù** (geht nieder) un temporale **spaventoso** (furchtbar), decidiamo di fare un picnic dentro casa: ci sediamo tutti per terra, con i nostri bicchieri e i nostri piatti in mano e continuiamo a goderci il pranzo.

Dopo il caffè, zio Corrado prende la chitarra: "Chi mi accompagna?". Flavia e Mattia hanno portato il loro strumento e molti di noi si uniscono: i bambini suonano i **tamburi** (Trommeln) di zio Gino, usano qualche **mestolo** (Kochlöffel) e fanno le percussioni; gli altri ci mettono la voce.

Intoniamo tante vecchie canzoni, ci sono i duetti classici di zia Miriam e il fratello, che imitano Mina e Adriano Celentano, e poi mia sorella che fa un repertorio più moderno e ha una voce bellissima. Tutti cantano, anche i più **stonati** (falsch singend). Quante risate!

Poi a un certo punto zio Gino urla: "Ragazzi! Ha smesso di piovere finalmente!". Guardiamo tutti fuori.

"Perché non andiamo a cantare in spiaggia?", dice qualcuno.

"Ma sarà tutto bagnato!", risponde qualcun altro.

"**E che importa!** (Und wenn schon!)", dico io. "Ci siamo sempre bagnati i piedi in mare il giorno della festa di primavera!".

"L'anno scorso io ho fatto anche il primo bagno della stagione!", ci ricorda Guido.

"È vero! E chi se lo dimentica? Sei persino tornato a casa in mutande perché non avevi un Bademantel **accappatoio**!", dice sua moglie.

"E per quanti giorni hai avuto la febbre a 40, dopo?", ridiamo.

"Allora è deciso! Tutti in spiaggia!", dice zio Gino.

Così, prendiamo le giacche, gli strumenti e usciamo di casa, mentre cantiamo e ridiamo.

Appena arriviamo, però, verstummen **ammutoliamo**.

Lo spettacolo di fronte a noi è meraviglioso: un enorme Regenbogen **arcobaleno** attraversa tutto il cielo sopra l'orizzonte.

È davvero un regalo perfetto per la nostra festa di primavera!

le previsioni del tempo (pl.)
Wettervorhersage
variabile
wechselhaft
sereno/-a
heiter
annuvolarsi
sich bewölken
il cielo
Himmel
schiarirsi
aufklaren
la nuvola
Wolke
coperto/-a
bedeckt
nuvoloso/-a
wolkig
mite
mild
l'aria (f.)
Luft
afoso/-a
schwül
caldo/-a
warm
freddo/-a
kalt

il fulmine/
il lampo
Blitz
il tuono
Donner
il temporale
Gewitter
la neve
Schnee
nevicare
schneien
le precipitazioni (pl.)
Niederschlag
grandinare
hageln
il vento
Wind
la tempesta
Sturm
la grandine
Hagel
ventoso/-a
windig
piovoso/-a
regnerisch
piovere
regnen
la pioggia
Regen
l'arcobaleno (m.)
Regenbogen
la pioggerella
Sprühregen

La mia ossessione

Bessessenheit

La prima volta è stata sei mesi fa. Era di pomeriggio. Io ero al **cinema** (Kino) dietro casa, dove vado almeno un paio di volte alla settimana: la **programmazione** (Programm) è molto **varia** (abwechslungsreich) e io sono un **appassionato** (Fan).

Al cinema mi sembra di tornare un po' bambino, quando ci andavo con mia madre a vedere film di ogni **genere** (Genre): **commedie** (Komödien), **documentari** (Dokumentarfilme), **film d'animazione** ((Zeichen)Trickfilme). Ci sedevamo sulle **poltrone** (Sitze) rosse, io e lei al buio, con una grande busta di pop corn fatti in casa. Durante l'**intervallo** (Pause), quando le luci si riaccendevano, mi guardava in faccia e mi chiedeva: "Tutto bene?". Io ero sempre così emozionato che non riuscivo a parlare, **annuivo** (nickte) forte con la testa e le davo un bacio. Lei mi abbracciava e restavamo così ad aspettare il **secondo tempo** (zweite Hälfte).

Adesso vivo in un'altra città, ma continuo ad andare al cinema; però da solo, un po' perché non ho mai trovato nessuno così appassionato da guardare un film **in lingua originale** (in Originalfassung) con i

sottotitoli (Untertitel), un po' perché preferisco **conservare** (bewahren) la magia di quei pomeriggi tutta per me.

Insomma (Schließlich), sei mesi fa l'ho vista per la prima volta.

Era sola anche lei, seduta due **file** (Reihen) davanti a me. C'era un film di Wim Wenders degli anni Settanta, ma non ricordo bene la **trama** (Handlung), perché per la prima volta ho guardato molto poco lo **schermo** (Leinwand).

L'ho osservata a lungo: i suoi capelli biondi, la linea del viso quando si girava leggermente, ogni tanto le sue mani mentre si toccava i capelli.

Non l'avevo mai notata prima: in genere il pomeriggio siamo in pochi nel cinema e ci conosciamo tutti **di vista** (vom Sehen).

Volevo vederla in volto, ma purtroppo non si è mai girata completamente.

Alla fine del film, si è messa un cappello e una grossa sciarpa attorno al collo ed è andata via durante i **titoli di coda** (Abspann), mentre la **sala** (Saal) era ancora al buio.

Nei giorni successivi non sono andato al cinema **a causa di** (wegen) vari impegni all'università, **eppure** (trotzdem) ogni tanto il pensiero tornava lì, nella sala buia del cinema d'essai, a quella sensazione di calore nella pancia e a quella inspiegabile **attrazione** (Anziehung) verso la ragazza bionda.

Sono tornato al cinema un paio di settimane dopo. C'era un vecchio film in bianco e nero. Mentre ero in fila alla **biglietteria** (Kasse), mi sono guardato attorno. Speravo di vederla, scoprire il suo volto e... **magari scambiare** (vielleicht wechseln) qualche parola. Invece quel pomeriggio non c'era proprio nessuno, così ho preso posto in sala e ho aspettato il buio per godermi il film.

Ma poi, all'improvviso, sulle note di una splendida **colonna sonora** (Filmmusik), lei è arrivata e, in silenzio, lentamente, si è seduta sulla stessa poltrona dell'altra volta.

Il cuore ha iniziato a **martellarmi** (klopfen) nel petto.

Mi sentivo un po' **sciocco** (dumm). In fondo non l'avevo neppure vista in faccia. Ero confuso, mi veniva da sorridere e non riuscivo a toglierle gli occhi di dosso.

Sono stato tutto il tempo a pensare.

Appena si alza, la raggiungo.

O, meglio, verso la fine del film, esco e la aspetto davanti alla biglietteria, così non la perdo di sicuro. Già, e poi che cosa le dico? "Ciao! Ti ho visto l'altra volta...", no, poi pensa che sono uno stalker.

Insomma, anche di quel film non ricordo nulla.

versunken
E mentre ero **immerso** nei miei pensieri, lei si è alzata
Vorführung
rapidamente ed è uscita durante la **proiezione**.

Un pomeriggio, ho pensato di cambiare posto. Mi sono seduto in una delle file davanti: forse così sarei riuscito a vederla in viso.
Abenteuerfilm
Lo spettacolo è iniziato, era un **film d'avventura**, ma di lei
Spur
nessuna **traccia**.
Hauptdarsteller · Zeile
Poi il **protagonista** ha detto una **battuta**: "Eccola, finalmente!".

E lei è arrivata davvero!
Ich traute meinen Augen kaum!
Non potevo credere ai miei occhi!

Si è seduta su una poltrona poco più in là nella mia stessa fila.
schwitzen
Ho iniziato a **sudare** ed ero felice come un bambino.
strahlte sie an
Ogni tanto mi giravo: lo schermo **la illuminava** e potevo vedere il suo profilo. Era bellissima, proprio come immaginavo.

Senza far rumore si è tolta il cappotto e si è legata i capelli con
sie hat sich nicht mehr bewegt
una matita. Poi ha fissato lo schermo e **non si è più mossa**.

Io invece ho fissato lei per tutto il tempo.

Ora si gira, pensavo.

Se si gira le sorrido. No, forse le faccio un cenno con la mano. Ma no, meglio un sorriso.

Ma lei non si è girata.

Quanto è bella, pensavo. *Questa volta non la perdo di vista. Oggi devo fermarla e dirle qualcosa. Magari le offro il prossimo pomeriggio al cinema.*

Appena sono partiti i titoli di coda, io mi sono alzato, ma lei è rimasta seduta. Sono uscito e l'ho aspettata. Quando mi è passata davanti, **mi ha** quasi **sfiorato** (sie hat mich berührt), io mi sono girato, ma non sono riuscito a dirle nulla.

Per mesi è andata avanti così: lei sempre in leggero ritardo e io senza il coraggio di presentarmi.

Solo una volta, mentre prendeva posto in sala, mi ha guardato e mi ha fatto un sorriso dolcissimo. **Io ho ricambiato** (Ich habe es erwidert), ma il film era già iniziato e non c'è stato altro.

Così ho preso una decisione e ho acquistato un dvd di *Alice nelle città*, il film di quando è cominciato tutto. Ho scritto un biglietto:

"La prima volta c'era questo film, ma non ricordo neanche una battuta! Ti va di rivederlo insieme? Luca".

Le darò il pacchetto e il biglietto oggi pomeriggio.

Arrivo con molto anticipo, ma è inutile: lei, come sempre, non c'è ancora. Il film in programmazione è *Ossessione*, di Luchino Visconti. Entro in sala, mi siedo e inizio a respirare per calmarmi.

verpassen
Ti prego, arriva. Oggi non puoi **mancare**, ripeto dentro di me
festhalte
mentre **stringo** il pacchetto tra le mani.

Buio. Trailer. Silenzio. Musica. Il film inizia.

A un certo punto sento dei movimenti all'ingresso della sala. È lei! Mi giro, voglio darle subito il pacchetto.

Ma... Ma non è sola. Non è sola. Si siede accanto a un uomo. Si abbracciano. Si stringono. No, non voglio guardare. Troppo tardi.

Non resta che piangere davanti e accanto alla mia *Ossessione*.

la biglietteria
Kasse

la sala
Saal

lo schermo
Leinwand

la fila
Reihe

l'edificio (m.)
Gebäude

la proiezione
Vorführung

la poltrona
Sitz

la programmazione
Programm

il primo/ secondo tempo
erste/zweite Hälfte

l'intervallo (m.)
Pause

in lingua originale
in Originalfassung

la trama
Handlung

il film, la pellicola
Film

i sottotitoli (pl.)
Untertitel

la scena
Szene

i titoli di coda (pl.)
Abspann

la battuta
Zeile, Bemerkung

la colonna sonora
Filmmusik

l'attore/l'attrice
Schauspieler/-in
il/la protagonista
Hauptdarsteller/-in
le persone
Personen
il/la regista
Regisseur/-in
lo spettatore/la spettatrice
Zuschauer/-in
il cinema
Kino
un film di guerra
Kriegsfilm
un film d'animazione
(Zeichen)Trickfilm
il genere
Genre
un documentario
Dokumentarfilm
una commedia
Komödie
un film d'avventura
Abenteuerfilm
un film dell'orrore
Horrorfilm

Dieci cose che devi sapere sui freelance

Prima lavoravo in ufficio, poi ho deciso di aprire la **partita IVA** (Mehrwertsteuernummer).

I primi tempi tutti mi dicevano: "**Beata te** (Du hast es gut) che lavori da casa... chissà quanto tempo **hai guadagnato** (hast du verdient)!".

"Beata te... puoi lavorare quando e dove vuoi!".

"Beata te! Senza un **capo** (Chef) che ti dice cosa fare!".

"Beata te... fai quello che ti piace!".

"Beata te... puoi svegliarti tardi!".

E all'inizio ci credevo. Pensavo davvero alla vita del freelance come a un luna park con piccole pause alla scrivania, praticamente un'**infinita** (endlos) puntata di Sex and the City. Immaginavo pranzi con le amiche tra un **appuntamento** (Termin) di lavoro e l'altro, tanti soldi da spendere in scarpe **alla moda** (modisch) e, soprattutto, immaginavo di lavorare tutti i giorni con una **sottoveste** (Unterkleid) sexy sul letto **disfatto** (ungemacht).

Poi è arrivata la dura realtà, così ho raccolto le dieci cose che devi sapere se hai deciso di diventare freelance.

1. È vero: puoi lavorare überall **dovunque** e in qualsiasi momento. Questo significa che lavori sempre. Lavori di sera, lavori durante il weekend e lavori anche in vacanza, perché c'è sempre un'Notfall **emergenza**, c'è sempre una dringende Abgabe **consegna urgente**: trovare un Gleichgewicht **equilibrio** tra la vita professionale e quella privata è molto difficile.

2. I pranzi con le amiche. Probabilmente lavorano tutte in ufficio dall'altra parte della città, quindi difficilmente riuscirai a incontrarle. Poi in den meisten Fällen **il più delle volte** non pranzi: alzi la testa dalla scrivania solo quando devi andare a prendere i figli a scuola, perché quelle sono le ore più produktiv **produttive**, quindi non puoi perdere tempo. A volte sì, pranzi fuori, ma con il Steuerberater **commercialista** che, soprattutto in periodo di Steuer **tasse**, diventa il tuo migliore amico!

3. Il tempo. No, non guadagni tempo. Al contrario, lo devi nachlaufen **rincorrere**, perché non è mai abbastanza. Oltre alle Aufgaben **mansioni** legate al lavoro, devi occuparti della Buchführung **contabilità**, devi planen **pianificare** i progetti futuri, ma soprattutto devi meistern **gestire** gli Unvorhergesehene **imprevisti**, che non betreffen **riguardano** solo l'attività professionale, ma molto spesso la famiglia: "Puoi andare tu a prendere il bambino a scuola che ha la febbre? Sei a casa, no?". Questo significa che il tempo guadagnato è la notte, quando spesso dovrai finire il lavoro **lasciato a metà** (halbfertig).

4. Poi c'è la questione del capo. È vero, non hai un capo che ti dice cosa fare, ma se vuoi lavorare devi diventare il capo di te stesso e imparare la disciplina. No, non conoscevo questa parola prima di diventare freelance. La disciplina per me era qualcosa da **caserma** (Kaserne), di certo non una parola da artista. Ma se vuoi essere un freelance ti devi **rimboccare le maniche** (ich habe die Ärmel hochgekrempelt) perché la cosa più importante per chi lavora da casa è l'organizzazione: avere una **postazione di lavoro** (Arbeitsplatz), orari "da ufficio", una **pianificazione** (Plannung) dei mesi successivi, ma soprattutto nessuna distrazione.

5. A proposito di **orari di lavoro** (Arbeitszeit). A volte **succede** (es passiert) di svegliarsi tardi perché non c'è molto da fare, di farsi un caffè con calma, di cominciare a lavorare a metà mattina, poi di alzarsi, telefonare alla mamma, tornare alla **tastiera** (Tastatur), navigare su internet e perdersi su Pinterest, scoprire improvvisamente che è l'ora di pranzo, decidere di andare a mangiare un'insalata in un bar, fare una passeggiata perché è una bella giornata, comprare il giornale, leggerlo su una panchina al sole, tornare a casa e... avere un attacco di panico: oddio, non sto lavorando! E cosa farò il mese prossimo? E chi pagherà l'affitto? Avrò mai una **pensione** (Rente)?

6. Fai davvero quello che ti piace? Sì, ma solo in parte. Il lavoro vero e proprio è il 50%, il resto sono compiti necessari: trovare nuovi clienti, gestire quelli vecchi, **fare preventivi** (Kostenvoranschläge machen) e poi **fatturare** (in Rechnung stellen). Ma la **cosa peggiore** (das Schlimmste) è farsi pagare. Perché se sei un freelance non hai uno **stipendio** (Gehalt) fisso ogni mese. Se vuoi comprare scarpe alla moda (e fare la spesa!), devi fatturare, ma soprattutto **incassare** (einziehen) i tuoi **compensi** (Honorare). E non è così semplice. A volte è sufficiente una mail per ricordare al cliente **smemorato** (vergesslich) la **fattura** (Rechnung) da pagare, altre volte... no, non è così semplice.

7. Un argomento importante sono le ferie. Quando lavoravi in ufficio, l'azienda chiudeva ad agosto. È vero, se volevi andare in vacanza a luglio non era possibile, ma almeno quei venti giorni di agosto erano sicuri. Nessuna mail o telefonata ti **disturbava** (störte) mentre eri sotto l'ombrellone. Eri in ferie. Adesso la maggior parte dei nuovi clienti **viene fuori** (kommt heraus) ad agosto, quando tutti gli altri sono in vacanza. E ovviamente non puoi nemmeno sparire durante l'anno, quando tutti sono attivi. Quindi **prendere o lasciare** (annehmen oder bleiben lassen).

8. E poi arriva qualche malattia o l'influenza. **Ti trascini** (Du schleppst dich) per casa con una **scorta** (Vorrat) di fazzoletti per il naso e sei costretto a lavorare ugualmente. Ah! Beata te che sei freelance...

9. E arriviamo all'immagine di me come Carrie Bradshaw che lavoro al computer in sottoveste sul letto disfatto. Beh, sul "letto disfatto" sono preparatissima. Per il resto... ecco il vero dramma del lavorare a casa: l'**abbrutimento** (Verrohung).

Quando non devi uscire, è facile **lasciarsi andare** (sich gehen lassen). I primi giorni metti un paio di jeans e un vecchio maglione; niente trucco, perché comunque non ti vede nessuno. Poi cominci a **tirare fuori** (herausholen) le **tute** (Turnanzüge) degli anni Novanta e resti in ciabatte. Infine arriva il giorno in cui sei in pigiama di **pile** (Fleece) e **vestaglia** (Morgenmantel).

E tornare indietro è molto difficile.

10. Però bisogna **ammettere** (zugeben) che ci sono anche dei lati positivi.

Per esempio puoi lavorare in posti molto belli: in biblioteca, al bar, nei parchi pubblici in primavera. E questo stimola la creatività.

Puoi fare pause pranzo in solitudine, sì, ma insolite: per esempio puoi **recuperare** (nachholen) due puntate della tua serie tv preferita in compagnia di una grande busta di **patatine** (Kartoffelchips).

E puoi essere **asociale** (unsozial) quanto vuoi. Per giorni non incontri nessuno e comunichi solo tramite email.

Ma la cosa migliore della vita da freelance è andare alla posta: uscire alle dieci di mattina, fare una lunga passeggiata, entrare e non trovare mai nessuno. Mai una **fila** (Schlange) alla posta, **questa sì che è vita** (was für ein schönes Leben!)!

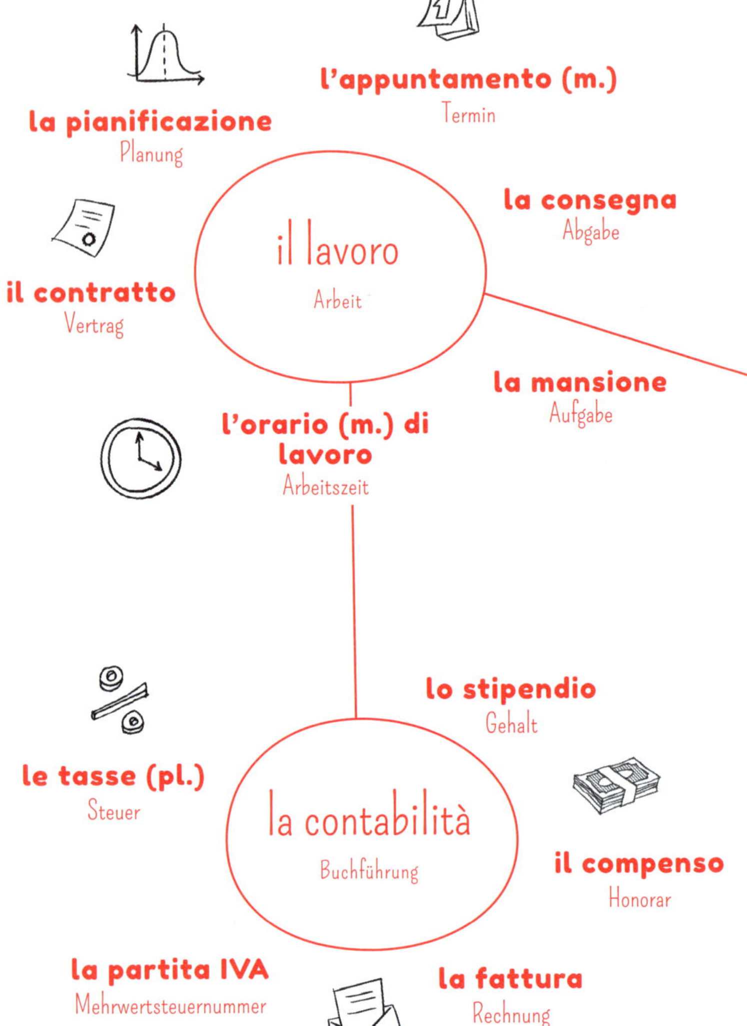
il lavoro
Arbeit
l'appuntamento (m.)
Termin
la pianificazione
Planung
la consegna
Abgabe
il contratto
Vertrag
la mansione
Aufgabe
l'orario (m.) di lavoro
Arbeitszeit
lo stipendio
Gehalt
le tasse (pl.)
Steuer
la contabilità
Buchführung
il compenso
Honorar
la partita IVA
Mehrwertsteuernummer
la fattura
Rechnung

la scrivania
Schreibtisch
la stampante
Drucker
il faldone
Ordner
la postazione di lavoro
Arbeitsplatz
il file
Datei
il portatile
Laptop
la tastiera
Tastatur
la libera professione
freier Beruf
pianificare
planen
essere produttivo
produktiv sein
fare un preventivo
einen Kostenvoranschlag machen
rimboccarsi le maniche
die Ärmel hochkrempeln
le azioni
Handlungen
guadagnare
verdienen
fatturare
in Rechnung stellen
incassare
einziehen

Fuori dal mondo

Io e mio marito siamo italiani, ma viviamo a Berlino da un mese.

"Sei sicura di voler partire?", mi ha chiesto quando ha ricevuto l'offerta di lavoro. "Sarà un grande **cambiamento** (Veränderung) per te... Possiamo anche **rinunciare** (aufgeben)", mi ha detto.

"Ma no! Sarà una bellissima avventura!", gli ho risposto convinta.

"Allora forse dovresti cominciare a **imparare la lingua** (die Sprache lernen)", mi ha consigliato.

Ma io avevo cose più urgenti da fare: pianificare il trasloco, raccogliere informazioni sulla città, controllare le temperature per decidere l'abbigliamento da portare, guardare film tedeschi per **assaporare** (auskosten) le atmosfere.

"Puoi vedere tutti questi film in lingua originale!", mi ha consigliato mio marito.

"Tranquillo, quando ci trasferiremo sarò totalmente immersa nella lingua e imparerò velocemente il tedesco".

"Non sarà così semplice... Io il tedesco un po' lo conosco, poi in ufficio si parlerà soprattutto in inglese, ma per te è fondamentale imparare il tedesco per integrarti".

"Non avrò problemi a integrarmi. Leggo tanti libri di autori tedeschi!", gli ho risposto.

"Ma li leggi in italiano! Non ha **senso** (Sinn)", continuava.

"Mi aiuta a capire il pensiero della gente che incontrerò", gli ho risposto.

"Ma perché non provi a leggere libri semplici, libri per bambini… È un ottimo modo per imparare una lingua", mi ha proposto.

Non ne potevo più (Ich konnte es nicht mehr ertragen.). Ogni giorno mio marito mi ripeteva cose di questo tipo!

Quando ci siamo trasferiti a Berlino, ho cercato subito un **corso** (Sprachkurs) di tedesco e l'ho trovato proprio vicino casa. Lo devo **frequentare** (besuchen) dal lunedì al venerdì, dalle 9 alle 13.

Ho sostenuto un test per la **valutazione** (Bewertung) del **livello** (Niveau) di **conoscenza** (Kenntnis) della lingua.

Non capivo niente e quindi ho messo le **crocette** (Kreuzchen) **a caso** (auf gut Glück).

Dopo qualche giorno ho ricevuto i risultati del test: B1.

Sapevo che c'era un errore. Evidentemente molte delle risposte a caso erano giuste, ma non ho resistito e sono andata da mio marito per **vantarmi** (zu prahlen): "Hai visto? **È bastato** (Es reichte) respirare l'aria di Berlino per raggiungere un buon livello di conoscenza della lingua!". Mio marito mi ha guardato **incredulo** (ungläubig).

Siamo andati a festeggiare con una birra e poi sono andata a comprare il **libro di testo** (Lehrbuch) per la scuola.

La prima **lezione** (Unterricht) è questo lunedì. Entro in aula e mi accorgo che la situazione è drammatica: l'insegnante **si esprime** (drückt sich aus) solo in tedesco, mi guardo intorno e tutti annuiscono sorridenti e scrivono sui loro quaderni. Io, dopo i saluti, non capisco più niente.

Poi passiamo alle presentazioni.

"*Hallo, ich bin Patrizia und komme aus Parma*", dico a bassa voce, così forse la mia pessima **pronuncia** (Aussprache) si sentirà di meno. Sono l'unica italiana. Sento due ragazze parlare tra loro in francese e altre due in spagnolo. Io decido di imitarli e, quando l'insegnante parla, annuisco e sorrido.

Quando torno a casa, sono stanchissima: ho la testa come un **frullatore** (Mixer).

Però sono **determinata** [entschlossen]: voglio imparare il tedesco il prima possibile e **dare una lezione** [eine Lektion erteilen] a quel noioso di mio marito!

Così passo il pomeriggio a **studiare** [lernen]: ero brava in latino al liceo, posso imparare anche il tedesco!

Nei giorni successivi **faccio progressi** [mache ich Fortschritte] in grammatica e con lo **scritto** [Schreiben]. Completo quasi tutti gli **esercizi** [Übungen] del libro.

Il problema resta la **comprensione** [Verständnis]. Ogni tanto **colgo** [verstehe ich] un "*Lesen Sie*" o un "*Ergänzen Sie*", ma per il resto non capisco nulla.

Con i compagni, poi, è una tragedia. Ognuno di loro ha un **accento** [Akzent] particolare e quando facciamo dei piccoli esercizi in coppia sento uscire dalle loro bocche dei **suoni** [Laute], ma nel mio cervello non succede niente, così sorrido, annuisco e **alzo le spalle** [zucke mit den Schultern].

Finalmente arriva venerdì: non voglio pensare al corso di lingua per tutto il fine settimana!

"Come va con il tedesco?", mi chiede mio marito.

"Benissimo!", gli rispondo prontamente. "Ho fatto tanti progressi, devo solo lavorare sull'**ascolto** [Hörverstehen] perché questi tedeschi parlano in modo molto strano".

"Vedi che era utile guardare i film in lingua originale!", mi dice lui. "Anzi, ti va di andare al cinema?".

"No, no, e poi no. Non voglio sentire tedesco per tutto il fine settimana!", rispondo.

"Meglio così... in casa ci sono tante cose da fare!".

È vero, dopo il trasloco ci sono ancora scatoloni da aprire e oggetti da sistemare. Così il nostro sabato e la nostra domenica trascorrono **pigri** (faul).

Stamattina quindi mi sento molto riposata e motivata. Arrivo a scuola, ma la porta dell'aula è chiusa. Busso ed entro. Sono tutti già al lavoro. L'insegnante mi dice qualcosa, io non capisco, annuisco e sorrido. Allora tutti gli studenti scoppiano a ridere e io rido assieme a loro, ma mi sento una stupida. Non so cosa succede, **mi sento a disagio** (ich fühle mich unbehaglich), allora vado veloce verso un posto libero, mi siedo e apro il libro.

Loro continuano a dire qualcosa, **si rivolgono** (wenden sich) a me, ma io ormai sono in **confusione** (Verwirrung) e mi viene solo da piangere.

Così la lezione procede e io cerco di seguire, ma **faccio una fatica enorme** (ich habe große Mühe). Non vedo l'ora di tornare a casa.

Quando la lezione finisce, sono così felice che mi alzo, prendo tutte le mie cose e corro via.

Solo a casa mi accorgo che non è neppure l'una. Che strano...

Il pomeriggio trascorre triste. Provo a studiare, ma **non ci riesco** (ich schaffe es nicht).

Finalmente torna mio marito dal lavoro.

Appena entra in casa, corre da me e mi guarda: "Quando l'hai capito?", mi chiede.

"Cosa? Capito cosa?", gli dico con le lacrime agli occhi.

"Non dirmi che ancora non lo sai...".

Così anche lui scoppia a ridere: "L'**ora legale** (Sommerzeit), Patrizia! Ieri ci siamo dimenticati di spostare l'ora! Siamo proprio fuori dal mondo!", e mi abbraccia.

Ora capisco perché ridevano tutti...

"Sono arrivato in ufficio un'ora dopo e i colleghi **mi hanno preso in giro** (haben sich über mich lustig gemacht) per tutto il giorno!", mi dice. "Ma tu non eri in ritardo a scuola? Nessuno ti ha detto niente?".

Certo che mi hanno detto qualcosa.

Solo che io ero... fuori dal mondo.

l’esercizio (m.)
Übung

la lezione
Unterricht, Lektion

il corso di lingua
Sprachkurs

il libro di testo
Lehrbuch

la lavagna
Tafel

la valutazione
Bewertung

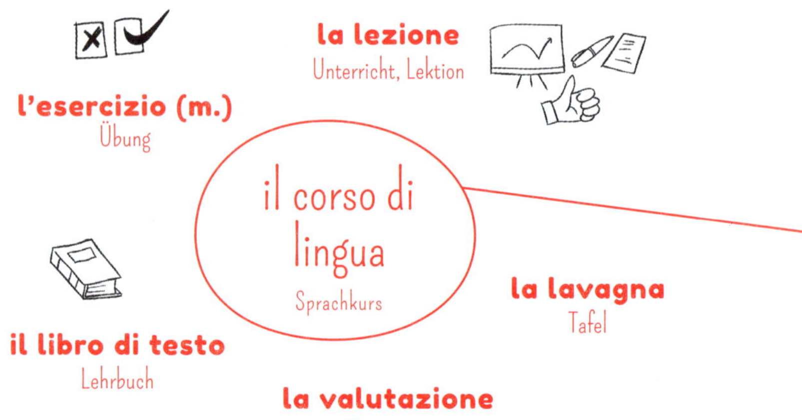

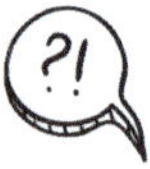

la comprensione
Verständnis

la conoscenza
Kenntnis

il livello
Niveau

l’apprendi-mento (m.)
Lernen

la pronuncia
Aussprache

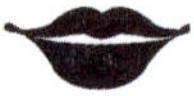

la traduzione
Übersetzung

l’accento (m.)
Akzent, Betonung

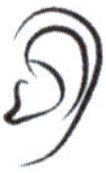

l’ascolto (m.)
Hörverstehen

lo scritto
Schreiben

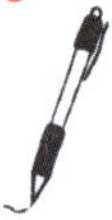

Ich lerne Deutsch.
imparare una lingua straniera
eine Fremdsprache lernen
le azioni
Handlungen
fare progressi
Fortschritte machen
pronunciare
aussprechen
studiare
lernen
comprendere
verstehen
tradurre
übersetzen
esprimersi
sich ausdrücken
frequentare
besuchen

9 Una colf per amica

Io e Franco siamo andati a vivere insieme in una casa nuova.

Io ho portato tante scarpe, molti vestiti, montagne di libri, un tappeto **peloso** (haarig) e due **quadri** (Gemälde) d'autore.

Lui ha portato la sua **collezione** (Sammlung) di cravatte, due **attrezzi per la ginnastica** (Turngeräte) e Maria Antonietta, la sua colf.

Io non la conoscevo, ma lui mi ha detto: "**L'ho assunta** (Ich habe sie eingestellt) dieci anni fa ed è molto brava. **Pulisce** (Sie putzt), **stira** (bügelt) e cucina molto bene".

Avere una **persona di fiducia** (Vertrauensperson) per i **lavori domestici** (Hausarbeit) mi è subito sembrata un'ottima idea, quindi ho accettato senza **replicare** (einwenden).

Qui bisogna aprire una parentesi: il mio compagno lavora in una famosa azienda informatica, mentre io sono un'**artigiana** (Handwerkerin): creo gioielli. In casa ho una stanza tutta per me dove poter lavorare.

Perché faccio questa precisazione? Perché io sono a casa tutto il giorno, il mio compagno no.

Il primo incontro con Maria Antonietta è andato così: è entrata in casa, si è guardata intorno e ha detto: "Qui c'è molto da fare!".

Peccato, ich hatte gerade aufgeräumt **avevo** appena **messo in ordine** per fare bella figura!

Allora le ho offerto un caffè, ma lei ha proposto di prepararlo

auf ihre Weise **a modo suo** e da quel momento ha iniziato a muoversi per casa

da Hausherrin **padrona**.

"Maria Antonietta, le mostro dove sono le Besen **scope** e i

Reinigungsmittel **detersivi**!".

"Sì, sì, grazie, lo so", ha risposto.

Così, io mi sono chiusa nel mio laboratorio e l'ho lasciata di là a pulire.

Devo ammettere che è stato piacevole, quando è andata via, trovare la cena pronta, la casa profumata e in ordine e le camicie del mio compagno stirate.

Ho pensato: "Santa Maria Antonietta!".

L'indomani mattina, mentre Franco si vestiva, ho notato la camicia stirata, così quando è arrivata Maria Antonietta le ho detto: "Per favore, può stirare le camicie di Franco senza fare la

Falte **piega** sulla Ärmel **manica**?".

E lei: "A Franco piacciono così".

"Mi dispiace, Maria Antonietta, ma a me no. E probabilmente neanche a lui. Per favore la manica non deve essere stirata in quel modo".

Lei ha preso l'**aspirapolvere** (Staubsauger), si è girata e l'ha acceso.

Giorni dopo, mentre io e Franco eravamo sul divano a guardare un film, ho notato che la **cornice** (Rahmen) con la nostra foto delle vacanze in Marocco era **capovolta** (umgedreht). L'ho rigirata e ho fatto uno strano pensiero: "Sarà stata Maria Antonietta a capovolgere la nostra foto, mentre **spolverava** (staubte ab) il mobile?". Poi ho sorriso di me, "Ma no... Non può essere!".

Il giorno dopo dovevo uscire per un appuntamento e le ho detto: "Maria Antonietta, per favore, oggi potrebbe **fare il bucato** (die Wäsche waschen)? Mi serve quel maglione di lana...".

E lei: "Oggi non è il giorno del bucato".

Io sono rimasta sorpresa e non ho saputo rispondere.

Poi sono tornata indietro e le ho detto: "Allora, per favore **lavi** (waschen Sie) solo il mio maglione grigio". E sono uscita.

Quando sono tornata a casa, ho trovato un biglietto: "Il bucato è nell'**asciugatrice** (Wäschetrockner)!".

Come un **automoma** mi sono avvicinata all'**elettrodomestico**,

Roboter / Haushaltsgerät

l'ho aperto e ho trovato esattamente quello che temevo: il mio maglione di lana grigio. O, meglio, quello che restava: **uno straccio minuscolo**.

ein winziger Lappen

Sono andata in salone e mi sono seduta sul divano, volevo piangere. Poi ho alzato lo sguardo e ho visto la foto del Marocco, di nuovo capovolta.

Sono diventata **furibonda**. Appena Franco è tornato, gli ho detto tra le lacrime: "Maria Antonietta mi odia!".

wütend

"Ma stai scherzando?", mi ha risposto.

Gli ho raccontato tutto e lui ha cercato di consolarmi: "Non ti preoccupare, domani andiamo a ricomprare quel maglione. Può **capitare** a tutti di sbagliare. Sicuramente Maria Antonietta voleva farti trovare il maglione lavato e ha fatto le cose **di fretta**".

passieren / in Eile

Non ero del tutto convinta, ma nel frattempo mi ero calmata. Così siamo andati avanti.

Una mattina le ho chiesto: "Maria Antonietta, per favore, può usare meno olio per cuocere le verdure?".

E lei: "A Franco piacciono così".

E io con grande calma: "Sì, ma Franco non le mangia, le verdure sono per me e io le preferisco con poco olio".

Non mi ha risposto, ha preso lo straccio e il **secchio** (Eimer), si è girata e ha iniziato a **lavare per terra** (den Boden wischen).

Un'altra mattina le ho detto che dovevo uscire e **avevo bisogno** (brauchte) del bagno, ma era "giorno di **grandi pulizie** (großes Reinemachen)". Così ho aspettato due ore per potermi lavare e sono arrivata tardi al mio appuntamento.

Un'altra volta l'ho sentita **borbottare** (brummen) contro il mio tappeto peloso. "C'è qualche problema, Maria Antonietta?", le ho chiesto.

"Questo tappeto fa troppa **polvere** (Staub)", ha risposto secca.

Ho smesso di replicare perché ormai le cose erano chiare: Maria Antonietta era **gelosa** (eifersüchtig) di me.

Ho provato a parlare con Franco, ma lui **minimizzava** (hat es heruntergespielt): "Secondo me dovete solo conoscervi meglio. Vedrai: diventerete grandi amiche!".

Finché un giorno sono tornata a casa. Lei non c'era, sono andata nel mio laboratorio e ho lanciato un urlo: era tutto in ordine!

Nel suo ordine!

Werkzeuge glänzend
Non trovavo più gli **strumenti**, le macchine erano **lucide** ma
non funzionavano più, i gioielli messi in scatole senza criterio e i
verstreut
materiali **sparpagliati** in mobili e armadi.

Mentre mi guardavo attorno furibonda, è tornato a casa Franco:
entlässt ich gehe weg
"Basta! Scegli! O me o lei! O la **licenzi** o **me ne vado**!".

mich zu überzeugen Güte
Lui ha provato **a convincermi** della **bontà** di Maria
geblendet
Antonietta, ma io ero **accecata** dalla rabbia, così sono corsa in
camera da letto per piangere.

E lì ho trovato la fine della storia: la mia valigia aperta sul letto
con un maglione grigio minuscolo e una foto del Marocco.

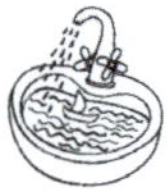

lavare i piatti
Geschirr spülen

spolverare
abstauben

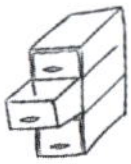

mettere in ordine
aufräumen

lavare per terra
den Boden wischen

le azioni
Handlungen

pulire
putzen

scopare
fegen

lavare
waschen

stirare
bügeln

fare il bucato
die Wäsche waschen

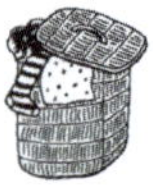

lo straccio
Lappen

la spugna
Schwamm

gli oggetti
Gegenstände

il detersivo
Reinigungsmittel

il secchio
Eimer

la scopa
Besen

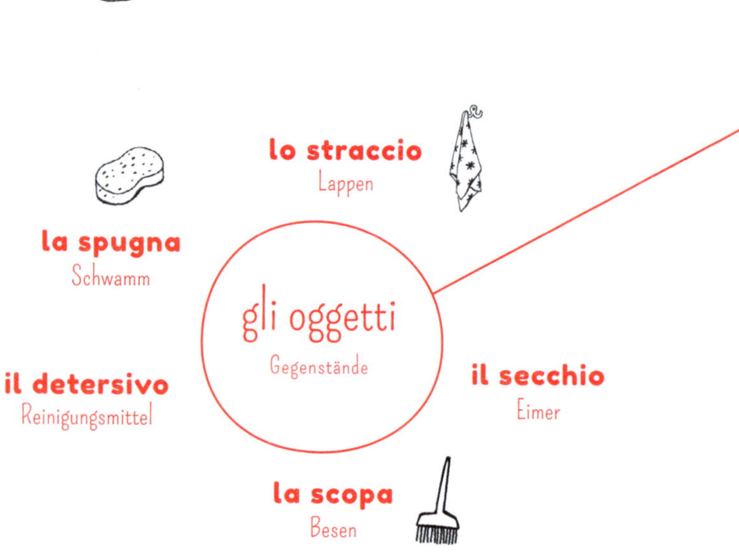

i lavori domestici (pl.)

Hausarbeit

gli elettrodomestici

Haushaltsgeräte

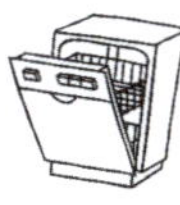

la lavastoviglie
Spülmaschine

l'asciugatrice (f.)
Wäschetrockner

il forno
Ofen

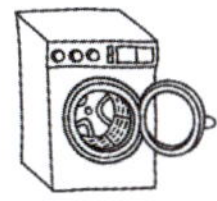

la lavatrice
Waschmaschine

il ferro da stiro
Bügeleisen

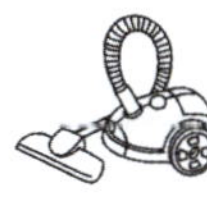

l'aspirapolvere (m.)
Staubsauger

Vogliamo il nostro futuro

"Venerdì andiamo alla **manifestazione** (Demonstration)?", chiede Lucrezia.

"Quale manifestazione?", domanda Massimiliano, il marito.

"Papà, c'è il Friday For Future!", risponde Giovanni, il figlio grande. "La professoressa di italiano ci ha detto che venerdì chi vuole non va a scuola! C'è una ragazza **svedese** (schwedisch) un po' più grande di noi che lo fa tutte le settimane! Beata lei...".

"Non è esattamente così... Greta, quella ragazza, è un'**attivista** (Aktivistin) che parla di cose serie come la **tutela dell'ambiente** (Umweltschutz) e lo **sviluppo sostenibile** (nachhaltige Entwicklung)! Ha iniziato con i suoi **scioperi** (Streiks) solitari e adesso i ragazzi di tutto il mondo si uniranno a lei! Non è un modo per **saltare** (schwänzen) la scuola! È un **atto** (Geste) politico importante!", dice Lucrezia **infervorata** (hitzig).

"Va bene, va bene... E Valerio?", chiede Massimiliano.

"Viene con noi!", risponde Lucrezia.

"Ma è piccolo! Non potrà camminare a lungo e io ho mal di schiena...".

"Non è così piccolo! E poi questo è un momento storico. Tutto il mondo **manifesta** (demonstriert) per l'ambiente. Noi saremo lì come famiglia!", dice Lucrezia sempre più emozionata.

"Bene! Allora venerdì niente scuola! Grazie mamma!", dice Giovanni e si chiude in camera sua. Lucrezia alza gli occhi al cielo.

...

"Allora, ragazzi, siete pronti per domani?".

"Sì, mamma, che bello, oggi niente **compiti** (Hausaufgaben)!", dice Giovanni.

"Dove andiamo domani?", chiede il piccolo Valerio.

"Andiamo a una manifestazione!", risponde la mamma.

"Cos'è una manifestazione?".

"Tanta gente **si riunisce** (versammelt sich) e cammina insieme per **portare avanti** (voranbringen) un'idea", dice Lucrezia.

"Quale idea portiamo avanti?", chiede Valerio.

"Quella di una ragazza svedese che non va a scuola di venerdì!", risponde il fratello, **fiero di sé** (stolz auf sich).

"Ma no, Giovanni! Cosa dici? Manifestiamo per chiedere ai **governi** (Regierungen) di rispettare l'ambiente, di non **inquinare** (verschmutzen)...".

"Cioè?", chiedono i figli in coro.

"Vi ricordate quando vi dico di spegnere la luce? Significa non **sprecare le risorse** (die Ressourcen verschwenden). E quando vi dico di chiudere l'acqua mentre vi lavate i denti? È per lo stesso motivo", spiega paziente la mamma.

"Ma noi facciamo già tante cose per l'ambiente!", dice Valerio.

"Cosa?", chiede il fratello maggiore.

"Facciamo la **raccolta differenziata** (Abfalltrennung)!", risponde il piccolo.

"Bravo, amore mio!", dice la mamma.

"Io metto sempre i vecchi giornali nel **bidone** (Tonne) della **carta** (Papier) e la buccia dell'arancia nell'**umido** (Biomüll)!", dice il grande.

"Bravo anche tu! Sono piccole azioni importanti. Come quando andiamo al supermercato ed evitiamo le confezioni di **plastica** (Kunststoff)", continua Lucrezia.

"Ho capito, mamma. Sono contento di andare a questa manifestazione!", conclude Valerio.

"Perché non **ricicliamo** (wiederverwerten) il **cartone** (Pappe) della scatola del tuo regalo di compleanno e facciamo uno **striscione** (Banner) per la manifestazione?", propone la mamma.

"Bella idea, mamma! Scriviamo: VOGLIAMO IL NOSTRO FUTURO!", dice Valerio.

"Oh, piccolo mio, sei proprio un poeta!".

Quando il papà torna a casa gli mostrano lo striscione.

"È bellissimo! Bravi", dice lui. "Ho guardato il **percorso** (Strecke) della manifestazione, Lucrezia. Parte da piazza della Repubblica. Possiamo parcheggiare lì vicino...".

"Ma cosa dici? Ci andremo con i **mezzi pubblici** (öffentlichen Verkehrsmittel)!".

"Ma, mamma, è **dall'altra parte** (auf der anderen Seite) della città!", dice Giovanni.

"Lo so, ma non possiamo andare a una manifestazione per l'ambiente in auto, con i nostri **gas di scarico** (Abgase)!", risponde Lucrezia.

L'indomani mattina sono tutti pronti alle 8 in punto. Sotto casa l'autobus non passa. Aspettano a lungo.

"Andiamo a prendere la metropolitana, dobbiamo camminare un po', ma facciamo bene al pianeta!", dice Lucrezia.

"Mamma, io sono stanco!", dice il piccolo.

"No, non sei stanco. Sei solo annoiato. Forza!".

A piazza della Repubblica c'è una grande folla.

"Oh, come sono contenta! Tutta la nostra famiglia alla più grande manifestazione mondiale per l'ambiente!".

"Papà, apro lo striscione", dice Valerio.

"Mamma, guarda! Ci sono i miei compagni di classe da quella parte, vado da loro", dice Giovanni.

"Va bene, ma non ti **allontanare** (entfernen) troppo...". Il figlio scompare.

"Quasi tutta la famiglia...", sussurra tra sé.

Dopo una lunga attesa, la manifestazione parte. La gente comincia a muoversi ordinatamente.

"Mamma, non vedo niente!", dice Valerio.

"Hai ragione tesoro, vieni. Ti porto un po' sulle spalle!".

La manifestazione percorre lentamente le vie del centro di Roma.

"Valerio, adesso cammina un po'", dice Lucrezia mentre rimette il figlio a terra.

"No, mamma, sono stanco e poi non vedo niente!". Valerio inizia a **singhiozzare** (schluchzen).

"Anch'io sono stanca, Massimiliano...", prova a dire Lucrezia.

"Non chiedere a me. Te l'ho detto che ho mal di schiena e che Valerio è piccolo per queste cose...", risponde il papà.

"Ecco un bar. Fermiamoci qui. Prendiamo qualcosa da bere così ci riposiamo", propone il papà.

"Io ho sete, voglio dell'acqua!", dice il bambino.

"Abbiamo le **borracce** (Wasserflaschen)...", risponde la mamma.

"Le avevamo... Sono nello zaino di Giovanni", risponde il papà.

"Accidenti!", dice Lucrezia. "Ma non possiamo comprare una bottiglietta d'acqua di plastica durante una manifestazione per l'ambiente!".

"Tesoro, abbiamo dato il nostro **contributo** (Beitrag), da qui possiamo riprendere la metropolitana e tornare a casa. Telefono a Giovanni e gli dico di **raggiungerci** (uns einholen). Che ne dici?", propone Massimiliano.

Lucrezia è triste, ma accetta.

"E va bene...", dice stanca e **sconsolata** (betrübt). "Ma la prossima volta prendiamo la macchina!".

inquinare l'ambiente (m.)
die Umwelt verschmutzen

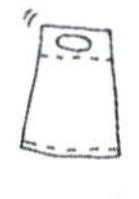

usare buste di plastica
Plastiktüten benutzen

le cattive pratiche
schlechtes Verhalten

sprecare le risorse
die Ressourcen verschwenden

gettare rifiuti in natura
Müll in die Natur werfen

il vetro
Glas

la carta e il cartone
Papier und Pappe

la raccolta differenziata
Abfalltrennung

la plastica
Kunststoff

il metallo
Metall

l'organico (m.)/ l'umido (m.)
Biomüll

l'indifferenziata (f.)
Restmüll

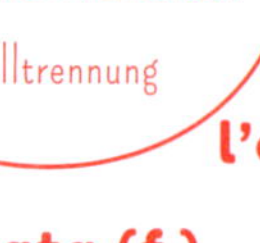

risparmiare elettricità e acqua
Wasser und Strom sparen

prendere i mezzi pubblici
die öffentlichen Verkehrsmittel nehmen

le energie rinnovabili
erneuerbare Energien

le buone pratiche
gutes Verhalten

riciclare
wiederverwerten

lo sviluppo sostenibile
nachhaltige Entwicklung

comprare prodotti locali
lokale Produkte kaufen

la tutela dell'ambiente
Umweltschutz

ecologia e ambiente
Ökologie und Umwelt

11 Il filo delle parole

Faden

Il sabato mattina vado in biblioteca per **prendere in prestito** (ausleihen) uno o due libri.

È un rito: mi sveglio con comodo, esco di casa, vado a fare colazione al bar, faccio una passeggiata e **mi dirigo** (gehe ich in Richtung) alla biblioteca **di quartiere** (Stadtteil-).

"Buongiorno, Maurizio!", mi accoglie la **bibliotecaria** (Bibliothekarin) all'entrata.

"Buongiorno, Margherita!", le sorrido.

Margherita lavora qui da poco, ma ci conosciamo di vista da tanto tempo perché abbiamo frequentato la stessa università.

Prima vado in **emeroteca** (Zeitschriftenlesesaal). Nel silenzio, faccio un cenno di saluto a Milena. Una volta abbiamo preso un caffè insieme, un'altra volta l'ho accompagnata sotto l'ombrello fino alla fermata dell'autobus perché pioveva. È molto carina, ma sono troppo timido per andare oltre.

Lì trascorro un'**oretta** (Stündchen): ci sono alcuni **periodici** (Zeitschriften) culturali che mi piace **sfogliare** (durchblättern).

Poi scendo al piano di sotto dove ci sono lo **schedario** (Karteikasten) e i libri.

"Ciao!", "Ciao!", **bisbigliamo** (flüstern) io e Corrado, l'altro bibliotecario, che sta sistemando dei **volumi** (Buchbände) sugli **scaffali** (Regalen).

Mi cade lo sguardo su un **epistolario** (Briefsammlung) tra due scrittori italiani.

Lo prendo, mi siedo su una poltrona della **sala lettura** (Lesesaal) e leggo cinquanta pagine in mezz'ora, così decido di prenderlo in prestito.

A casa noto le prime **righe** (Zeilen): qualcuno **ha sottolineato** (hat unterstrichen) alcune frasi in matita. Succede spesso e ogni volta penso che **non è educato** (ist unhöflich) sporcare un libro della biblioteca. Io in genere uso un **taccuino** (Notizbuch) e **ricopio le citazioni** (ich schreibe die Zitate ab) o i passi che voglio ricordare.

Questa volta però non penso alla maleducazione perché mi colpisce un'altra cosa: le frasi sottolineate sono le stesse che **hanno colpito** (haben beeindruckt) me e che in biblioteca ho ricopiato sul mio taccuino.

Guardo subito sulla scheda dei prestiti* **incollata** (angeklebt) all'interno del volume e c'è una sola data: un **utente** (Benutzer) ha preso quel libro due mesi fa e l'ha tenuto per pochi giorni. Chissà chi è...

Anche questo sabato mi sveglio presto e vado in biblioteca. Il pensiero delle sottolineature mi ha accompagnato per tutta la settimana: vorrei **indagare** (erforschen) e scoprire qualcosa sulla persona che ha preso l'epistolario prima di me.

"Buongiorno", dico entrando.

Al banco dei prestiti c'è Orlando, un ragazzo nuovo.

"Buongiorno!", mi risponde pieno di **agitazione** (Aufregung). È **impacciato** (unbeholfen) e impiega molto tempo per compiere le varie operazioni.

Poso il libro davanti a lui. "**Restituisco** (Ich gebe zurück) questo. Puoi dirmi chi l'ha preso in prestito prima di me?".

Lui mi guarda **smarrito** (verwirrt): "Non so se posso farlo... e non so neanche *come* farlo...". I suoi occhi sono spaventati.

"Va bene, va bene, non preoccuparti... era solo una curiosità", rispondo. Non posso insistere con questo ragazzo, peccato.

Dopo la lettura in emeroteca, come ogni sabato, scendo in sala lettura e **vado a colpo sicuro** (ich gehe sicher): prendo un romanzo di uno dei due **autori** (Autoren) dell'epistolario appena letto.

A casa **ho consultato** (ich habe nachgeschlagen) il **catalogo** (Katalog) online della biblioteca, so che è **disponibile** (verfügbar) e ho annotato anche la **collocazione** (Standort).

Quindi lo prendo e torno a casa.

Anche qui trovo sottolineature simili alle mie... Il mio cuore inizia di nuovo a battere forte.

Guardo sulla scheda dei prestiti, ma stavolta ci sono diverse date.

Mentre **maneggio** (behandle) il volume, scivola via dalle pagine un foglio.

"All'**imbrunire** (Dämmerung)
quando **si sospira** (man seufzt)
si trattiene (man unterdrückt) una domanda
e si fa notte".

Questa breve poesia è scritta con una grafia svelta, **morbida** (weich), probabilmente femminile. Sotto c'è una data, poco meno di due mesi fa. Il cuore accelera di nuovo.

Sulla scheda, in quella data, il libro era in prestito a qualcuno che l'ha tenuto per pochi giorni.

Inizio a riflettere: deve essere la stessa persona dell'epistolario.

E poi… chi prende in prestito per pochi giorni un libro? Sicuramente un grande lettore, ma soprattutto **un assiduo frequentatore** (ein ständiger Besucher) della biblioteca. Forse allora è qualcuno che conosco, che ho già incontrato…

Magari è Milena, la ragazza carina che ho accompagnato sotto l'ombrello?

Per tutta la settimana **ho fantasticato** (ich habe fantasiert) su di lei. Che sensazione strana pensare che da qualche parte c'è un'**anima affine** (Seelenverwandte) che forse un giorno incontrerò!

Così oggi, che è di nuovo sabato, ho un unico **obiettivo** (Ziel): trovarla. Entro in biblioteca e **mi metto in fila** (ich stelle mich in die Schlange) davanti al banco di Margherita e… **se fosse lei?** (wenn sie es wäre?) La osservo: i suoi gesti **composti** (gelassen) e la sua gentilezza, i suoi ricci **spettinati** (zerzaust) e le sue **lentiggini** (Sommersprossen). È davvero una donna interessante. Magari è proprio lei… Potrei invitarla per un caffè quando fa una pausa.

Al mio turno mi accorgo che non so cosa dire: "Ciao… Io… volevo… Ecco, devo restituire questo", e le porgo il romanzo. Faccio un respiro: "Margherita, per caso sai chi ha preso in prestito questo libro prima di me?".

Lei guarda il volume: "Ah… che romanzo!".

Allora l'ha letto! Allora è lei! I pensieri corrono veloce, sono emozionato, le dico: "Sai, ho trovato questa poesia tra le pagine e volevo dirti che sei proprio brava…".

"Ma questa poesia non è mia! E poi ho letto questo libro tanti anni fa. Aspetta… ora controllo chi l'ha preso in prestito", mi dice allegra, mentre io mi sento a disagio.

"Ecco! Ah, sì! È stato Corrado a prenderlo! Lo conosci Corrado, no?", mi sorride con entusiasmo.

brechen zusammen — Sandschlösser — die Enttäuschung verdauen

In un attimo tutte le mie fantasie **crollano** come **castelli di sabbia**. E no, oggi non scendo in sala lettura. Vado a passeggiare e a **smaltire la delusione**.

* In jedem Buch der Stadtteilbibliotheken ist ein Blatt eingeklebt, das eine Liste der Ausleihdaten enthält.

la biblioteca civica
Stadtbibliothek
la biblioteca pubblica
öffentliche Bibliothek
la biblioteca di quartiere
Stadtteilbibliothek
la biblioteca
Bibliothek
la biblioteca universitaria
Universitätsbibliothek
le persone
Personen
l'autore/l'autrice
Autor/-in
l'utente (m./f.)
Benutzer/-in
il/la bibliotecario/-a
Bibliothekar/-in

le azioni
Handlungen

consultare
nachschlagen

catalogare
katalogisieren

prendere in prestito
ausleihen

restituire
zurückgeben

sfogliare
durchblättern

gli oggetti e i luoghi
Sachen und Orte

l'epistolario (m.)
Briefsammlung

il volume
Buchband

il catalogo
Katalog

il manoscritto
Manuskript

lo scaffale
Regal

la sala lettura
Lesesaal

lo schedario
Karteikasten

l'emeroteca (f.)
Zeitschriftenlesesaal

la collocazione
Standort

il periodico
Zeitschrift

Bambini selvaggi

wild

Spielplatz

Non capita spesso di vedere la famiglia Giacometti al **parco giochi** in un pomeriggio **infrasettimanale**.

während der Woche

Oggi però papà Christian è uscito presto da lavoro, è andato a prendere la piccola Iole all'**asilo**, sono passati da mamma Valentina in ufficio e tutti insieme sono andati ai **giardini pubblici** della città per approfittare del sole primaverile.

Kindergarten

(öffentlicher) Park

La bambina è molto felice e si dirige subito all'**altalena**.

Schaukel

"**Mi spingi**, papà?", grida.

Schubst du mich an

Christian **accontenta** la figlia, che dopo molte spinte e molte urla eccitate scende dall'altalena e corre allo **scivolo**.

stellt zufrieden

Rutsche

"Brava!", gridano mamma e papà dalla **panchina**.

Bank

"Che bella sorpresa ci hai fatto, amore!", dice Valentina. "Con questo sole il parco è ancora più bello! Di solito è pieno di **pozzanghere**. Invece guarda che belle **aiuole**! Il giardiniere ha fatto davvero un buon lavoro!".

Pfützen

Beete

"Sì, si sta proprio bene qui. I bambini hanno bisogno di giocare all'aperto, sono nel loro ambiente, si rilassano...", dice Christian. "E poi Iole è una bambina così energica!".

"Sì, è una brava bambina, composta, **obbediente** (folgsam)... Aspetta! Iole!". Valentina **si alza di scatto** (springt auf) e raggiunge la figlia mentre questa **si arrampica** (klettert) su un albero. "No, Iole, non si fa! È pericoloso! Scendi", dice alla bambina.

Dopo qualche protesta, Iole torna nell'area bambini e va a giocare sul **dondolo** (Wippe).

"Che **scimmietta** (Äffchen)... Voleva salire sull'albero!", dice Valentina con tenerezza mentre torna a sedersi accanto al marito, che sorride. "È davvero una bambina gioiosa, gentile, generosa. A differenza di questi selvaggi... Vedi quella signora? È la baby-sitter di Renato, il figlio dei nostri vicini di casa. Quel bambino è terribile! **Del resto** (Übrigens), con la madre che ha...", sussurra Valentina al marito.

"Quella bambina invece è la figlia del dentista... è un tornado. Quando c'è lei nessun altro bambino può giocare. Certo... se non c'è educazione in casa...". Si alza di scatto e corre dalla figlia.

"No, Iole, il **ponte tibetano** (Seilbrücke) no. Sei ancora troppo piccola, vieni!

Karussell
Andiamo alla **giostra**!", Valentina prende per mano la figlia.

"No!", grida la bambina, poi scappa via.

Hecke
"Da qui non la vediamo a causa di quella **siepe**. Spostiamoci
Allee
verso quel **viale**", dice Valentina al marito.

In quel momento, una donna con un bambino in braccio che
Ungestüm
piange si avvicina con **foga**: "Signora! Controlli sua figlia invece
hat gebissen
di stare qui a chiacchierare! Quella bambina **ha morso** mio figlio!".

"Ma è impossibile! Mia figlia non fa queste cose da selvaggia!", risponde Valentina.

"Guardi!", urla la madre arrabbiata mentre indica il braccio del figlio.

"Mia figlia è una bambina tranquilla, non fa cose di questo genere!", Valentina alza la voce.

in Tränen
"Mio figlio è **in lacrime** per colpa di sua figlia! E lei è
un'arrogante!", dice la donna.

Was erlauben Sie sich? unschuldig
"**Come si permette?** Lei accusa una bambina **innocente** e
sono io l'arrogante?", risponde Valentina.

"Mi scusi", interviene Christian. "Lei lo ha visto con i suoi occhi?".

"No, non proprio", sussurra la donna un po' imbarazzata. "Ma mio figlio...".

"Allora **si vergogni**!" (schämen Sie sich), continua Valentina furiosa. "E poi se **si tratta di** (um ... geht) morsi, è stato sicuramente quel bambino selvaggio, Renato. Morde tutti continuamente! Vada a **lamentarsi** (beklagen) con la sua baby-sitter!".

La donna, sorpresa, **indietreggia** (weicht zurück), balbetta delle scuse imbarazzate e si dirige verso la **recinzione** (Zaun) dell'area con la sabbia, dove si trova la baby-sitter di Renato.

"Non si può stare un momento tranquilli. Ora capisci come mai torno sempre isterica dal parco?", dice Valentina al marito. "Ecco che adesso **litiga** (streitet sie) per quel benedetto dondolo... Iole!", urla alla figlia.

"Iole, tesoro, andiamo a prendere un gelato?", interviene il papà.

"Sì!!!", grida la bambina e lascia il dondolo agli altri bambini.

"Buona idea", conferma la mamma. "Forse riusciamo a stare un momento tranquilli seduti al **chiosco** (Kiosk)".

Mentre la famiglia Giacometti prende un **gelato** (Eis) sotto gli

Sonnenschirme **ombrelloni**, passa Renato in lacrime, geschleppt **trascinato** per mano dalla sua baby-sitter.

"Adesso torniamo a casa! E niente gelato! Non si mordono i bambini! Hai capito?", dice la baby-sitter ad alta voce, evidentemente arrabbiata.

"Ma non sono stato io! Non sono stato io! Voglio tornare alla sabbia...", urla il bambino.

"Basta, per oggi è abbastanza", risponde la baby-sitter.

Valentina guarda il marito, si sente un po' in colpa. Accusare un bambino senza Beweise **prove**...

"Mamma, mi compri un altro gelato?", chiede Iole.

"No, amore, uno è più che sufficiente!", risponde la mamma.

"Ma io voglio il gelato!!!", continua la figlia bockig **capricciosa**.

"Ne hai mangiato uno grandissimo, tesoro! Possiamo tornare all'altalena se vuoi", dice Valentina.

"No, no, non voglio l'altalena! Papà, mi compri il gelato?", insiste la bambina.

"Ha ragione la mamma, adesso basta", risponde il papà. "E non fare i capricci, sonst **altrimenti** torniamo subito a casa".

"No! No e no!", grida la bambina.

"Basta, Iole, andiamo via", la mamma la prende in braccio.

windet sich
Lei **si divincola**.

"Aaahhh!", urla Valentina all'improvviso.

verstummen sogar
Tutti **ammutoliscono**, anche la piccola Iole. E **persino** chi
joggt
fa jogging si ferma di colpo.

aufgerissen
La mamma guarda il marito con gli occhi **sgranati**, poi fissa la
figlia e si porta una mano sulla guancia...

ungläubig
"Mi ha morso...", balbetta Valentina **incredula**. In un momento
rivede la scena appena accaduta, la donna con il bambino
bestraft
in lacrime, Renato **punito** dalla baby-sitter... "Andiamo via,
Fuß setzen
non potremo più **mettere piede** in questo parco per molto
tempo!".

l'aiuola (f.)
Beet
la recinzione
Zaun
il viale
Allee
la siepe
Hecke
i giardini pubblici (pl.)
(öffentlicher) Park
il prato
Wiese
la panchina
Bank
scivolare
rutschen
rincorrersi
sich fangen
giocare
spielen
le azioni
Handlungen
spingere
(an)schubsen
arrampicarsi
klettern
fare jogging
joggen
passeggiare
spazieren gehen

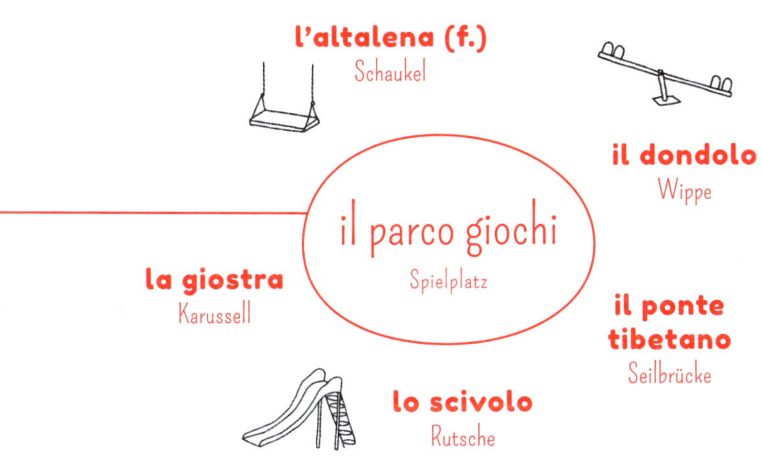
l'altalena (f.)
Schaukel
il dondolo
Wippe
il parco giochi
Spielplatz
la giostra
Karussell
il ponte tibetano
Seilbrücke
lo scivolo
Rutsche

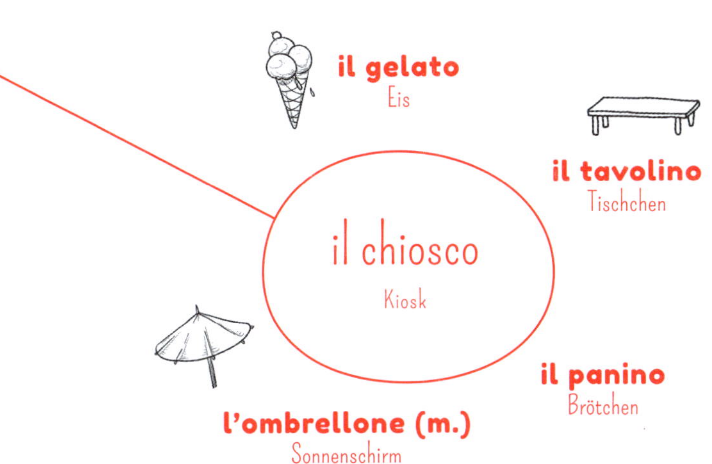
il gelato
Eis
il tavolino
Tischchen
il chiosco
Kiosk
il panino
Brötchen
l'ombrellone (m.)
Sonnenschirm

Scoop in redazione

Redaktion

Nella redazione del **mensile** (Monatszeitung) della scuola sono tutti euforici: c'è la riunione per il prossimo **numero** (Nummer)!

Paola è la **caporedattrice** (Chefredakteurin), poi ci sono Mirko, Caterina e Simone, infine Hala, la **grafica** (Grafikerin).

"Questo mese, è andata benissimo! Abbiamo avuto 30.000 **visualizzazioni** (Zugriffe). Ormai abbiamo i nostri lettori e siamo un punto di riferimento per la scuola. Se troviamo altri **giornalisti** (Journalisten), possiamo diventare un **settimanale** (Wochenzeitung)!", dice Paola.

"Intanto pensiamo a questo numero del **giornale** (Zeitung)!", risponde Mirko.

"Hai ragione! Chi ha qualche idea?", chiede la caporedattrice.

"Io mi occupo come al solito di **sport** (Sport). C'è il **campionato** (Meisterschaft) di basket e le gare regionali di tennis", dice Simone.

"Ottimo! E tu, Caterina?", chiede Paola.

"Domenica vado alla **riserva naturale** (Naturreservat) con mio padre e posso fare un **fotoreportage** (Fotoreportage)... che ne pensate?", risponde lei.

"Posso venire anch'io?", domanda Mirko.

"No!", Caterina **lo guarda di traverso** (sieht ihn böse an).

"Scusa, ci ho provato...", risponde il ragazzo **mortificato** (beschämt). Poi si riprende: "Comunque io posso andare a vedere l'*Otello* la settimana prossima e fare una **recensione** (Rezension)".

"Benissimo, Mirko!", lo incoraggia la caporedattrice. "Quindi come al solito mi lasciate le cose più noiose: **economia**, **finanza e politica** (Wirtschaft, Finanzen und Politik)...".

"No, di politica scrivo io! Forse riesco a **intervistare** (interviewen) il nuovo **sindaco** (Bürgermeister), è un amico di mio zio", dice Simone.

"Ok, è tua!", risponde Paola.

"Ragazzi, che ne dite se questo mese pubblichiamo anche un mio **fumetto** (Comic)?", chiede Hala.

La redazione è entusiasta.

"Sto lavorando a un'idea per raccontare cosa fanno i prof, che cosa succede fra i ragazzi... insomma un po' di **cronaca** (Lokalteil) e un po' di satira... in forma di fumetto!", spiega la ragazza.

"**Approvato!**" [Genehmigt!], risponde Paola. "Bene, ci vediamo la settimana prossima per mettere insieme i primi lavori! Andiamo a prendere un gelato?".

I ragazzi escono allegramente dalla scuola.

La settimana dopo sono di nuovo in riunione.

"Allora, cosa abbiamo di pronto?", chiede Paola.

"Io sono stata alla riserva e ho fatto delle foto meravigliose. Lo so, non lo devo dire io... ma sono veramente belle. Eccole...", dice Caterina con entusiasmo, mentre apre le foto sul computer. "Guardate! Ho avvistato addirittura un **lupo** [Wolf]!".

I ragazzi le fanno molti complimenti sinceri: "Brava! Questo fotoreportage meriterebbe un'**edizione straordinaria** [Sonderausgabe]!", dice Mirko.

"Bene, Caterina, questo sarà il nostro **articolo di punta** [Hauptartikel]! Manda tutte le foto ad Hala, così intanto le lavora", conclude la caporedattrice. "Cos'altro abbiamo?".

"Ho scritto un articolo sulle **partite** [Spiele] del weekend e in settimana intervisto il capitano della nostra squadra di basket!", dice Simone. "Ma pensavo di occuparmi anche della cronaca del quartiere e parlare sull'**inaugurazione** (Eröffnung) della nuova biblioteca!".

"Bravo! Non ci avevo pensato! Ottima idea!", risponde Paola.

"E io invece non ho ancora visto l'*Otello*, ma mi è venuta un'idea per la **rubrica** (Rubrik) sulla **salute** (Gesundheit). Posso raccogliere da alcuni medici dei consigli di **alimentazione** (Ernährung) per gli studenti che quest'anno hanno gli **esami** (Prüfungen)", propone Mirko.

"Ragazzi, sono molto **orgogliosa di** (stolz auf) voi. Questo numero sarà speciale!", dice la caporedattrice.

All'**uscita** (Veröffentlichung) del numero c'è una grande agitazione a scuola.

Ogni mese il giornale **esce** (kommt heraus) online, ma **si stampano** (man druckt) alcune **copie cartacee** (Papierexemplare) per la **preside** (Schulleiterin) e i professori. Questa volta i giovani giornalisti ricevono molti complimenti, soprattutto per la foto del lupo in **prima pagina** (Titelseite).

Nel pomeriggio sono tutti riuniti in redazione.

"Non è mai successo prima... guardate quante visualizzazioni in poche ore! È un record!", dice la caporedattrice entusiasta.

"E leggete i commenti... sono centinaia!", dice Hala.

Mentre i ragazzi gioiscono rumorosamente, squilla un cellulare.

"Pronto?", risponde Paola. "Sì, sono io...", dice la ragazza al telefono mentre a gesti chiede ai compagni di fare silenzio.

"No, la **testata** (Zeitungskopf) è registrata dalla scuola, io sono solo la **responsabile** (Verantwortliche) della redazione...", continua Paola al telefono.

Intanto tutti si accorgono che la telefonata è qualcosa di importante, e **ammutoliscono** (verstummen).

"Certo! Sono articoli originali, i **diritti** (Rechte) sono nostri", dice Paola, poi si blocca e guarda negli occhi Caterina. "Anche le foto naturalmente!".

"Posso farla parlare direttamente con lei, la nostra fotoreporter...", dice Paola, e con un enorme sorriso porge il telefono a Caterina.

"Pronto? Sì, sono Caterina Di Maggio... Grazie!", dice emozionata. "Ma... Non so...", balbetta mentre guarda i suoi amici con gli occhi **spalancati** (aufgerissen).

Ascolta a lungo in silenzio, poi ringrazia e scrive qualcosa su un foglio. "Va bene, vi chiamo io più tardi... Grazie, grazie ancora...". Finalmente la telefonata **si interrompe** (wird unterbrochen).

E Mirko: "Insomma, che succede? Ci volete spiegare?".

"Ragazzi, è incredibile... La foto in prima pagina del lupo... del mio fotoreportage... è... è di un lupo **in via d'estinzione** (vom Aussterben bedroht). Non c'erano **tracce** (Spuren) di quell'animale nella nostra riserva da anni ormai, quindi la foto rappresenta una **testimonianza** (Beweis) importantissima... La vogliono comprare, mi hanno proposto una **cifra** (Zahl) che... **mi fa girare la testa** (mir den Kopf verdreht), e mi chiedono di scrivere un articolo per loro...", dice Caterina tutto d'un fiato. "E dimenticavo: erano del giornale nazionale!", conclude.

I ragazzi esplodono in urla di gioia e portano la ragazza in trionfo per i corridoi della scuola.

A volte i sogni **si avverano** (sich erfüllen) ancor prima di essere sognati.

economia e finanza
Wirtschaft und Finanzen

politica
Politik

spettacoli
Veranstaltungen

le rubriche
Rubriken

sport
Sport

cultura
Kultur

cronaca
Lokalteil

salute
Gesundheit

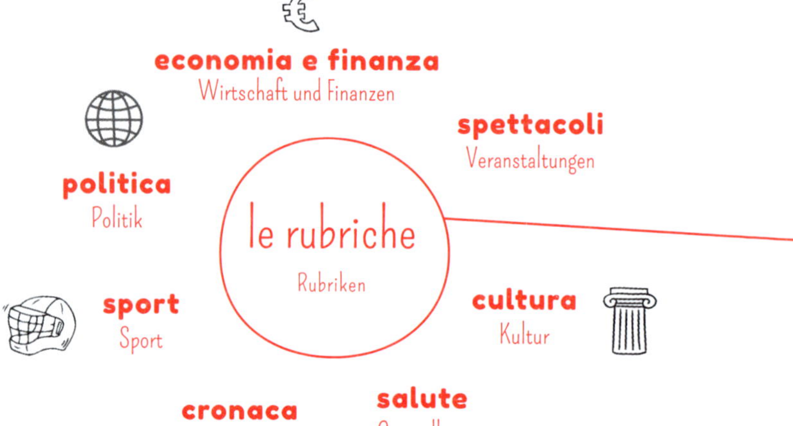

la testata
Zeitungskopf

l'articolo (m.)
Artikel

il fotoreportage
Fotoreportage

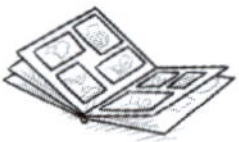

il numero
Nummer, Ausgabe

le parti
Teilen

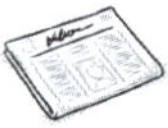

l'editoriale (m.)
Leitartikel

la prima pagina
Titelseite

la recensione
Rezension

l'intervista (f.)
Interview

la notizia
Nachricht

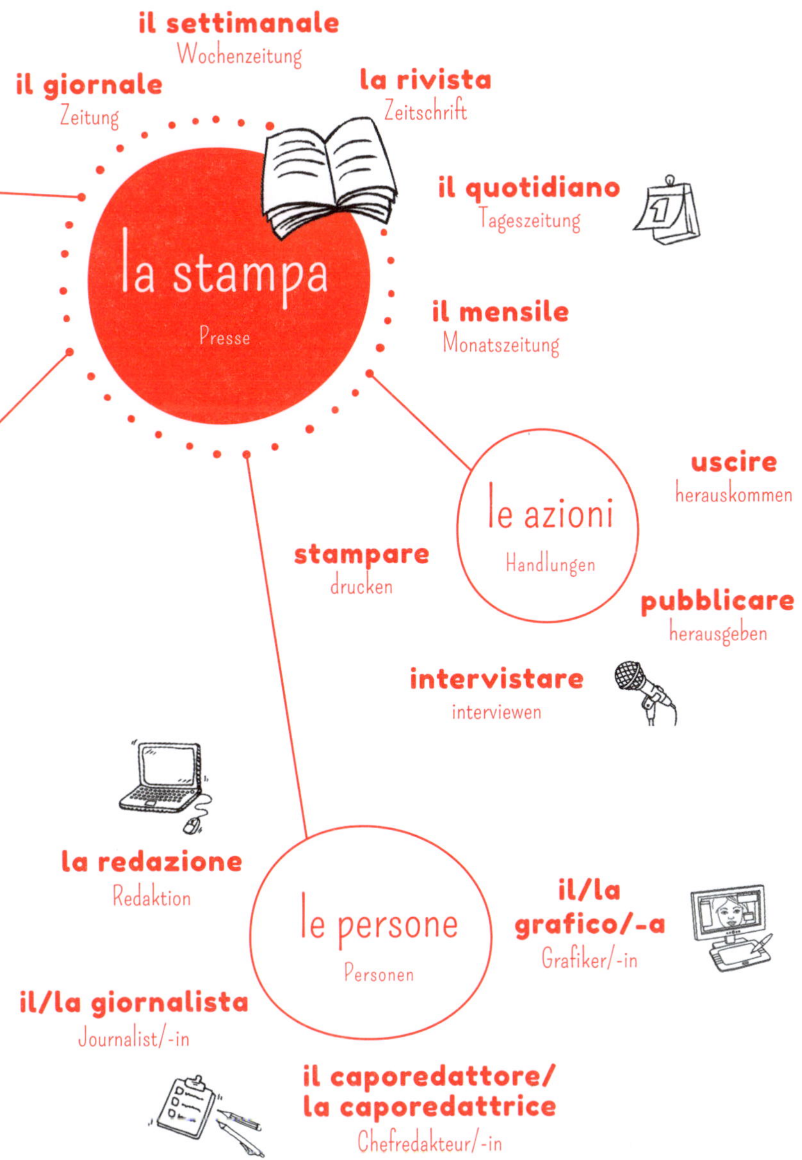
il settimanale
Wochenzeitung
il giornale
Zeitung
la rivista
Zeitschrift
il quotidiano
Tageszeitung
la stampa
Presse
il mensile
Monatszeitung
le azioni
Handlungen
uscire
herauskommen
stampare
drucken
pubblicare
herausgeben
intervistare
interviewen
la redazione
Redaktion
le persone
Personen
il/la grafico/-a
Grafiker/-in
il/la giornalista
Journalist/-in
il caporedattore/
la caporedattrice
Chefredakteur/-in

Un autunno magico

Herbst

C'è una sola cosa più **spaventosa** (furchtbar) di una stanza piena di **ragni** (Spinnen), topi e **scarafaggi** (Schaben). Ed è una camera da letto durante il **cambio di stagione** (Jahreszeitenwechsel). Precisamente, la *mia* camera da letto.

In autunno e in **primavera** (Frühling) è sempre la stessa storia: scatole piene di vestiti, scarpe e sandali dappertutto, accessori e costumi da bagno si mischiano e non trovano un posto.

E poi, durante l'**estate** (Sommer) e l'**inverno** (Winter), l'armadio diventa un caos e ogni mattina, davanti allo specchio, ripeto: "Non ho niente da mettere!".

Quest'autunno, appena **ha rinfrescato** (es ist sich abgekühlt), ho messo in ordine l'armadio per un intero weekend. Ho appeso le gonne alle **stampelle** (Kleiderbügel), così come le giacche, le camicie e i pantaloni. Da un'altra parte ho piegato e **impilato** (gestapelt) i maglioni e le magliette. Li ho addirittura ordinati per colore! Un **piacere** (Vergnügen) per gli occhi.

Eppure nel giro di poche settimane la situazione è diventata drammatica: i maglioni erano **appallottolati** (zusammengeballt) insieme alle magliette, che quando le volevo **indossare** (anziehen) erano tutte **sgualcite** (zerknittert), la maggior parte dei pantaloni **non mi entrava più** (passten mir nicht mehr) (ero un po' ingrassata), le gonne **non si abbinavano** (passten nicht zu) con le maglie e le camicie non stavano bene con le giacche. Insomma, non avevo niente da mettere!

Ho aspettato la primavera con ansia e quando finalmente è arrivata la **bella stagione** (schönes Wetter), ho pianificato il mio weekend di cambio di vestiti.

Ho tolto tutto l'abbigliamento pesante, ho pulito l'armadio e ho ordinato nuovamente per colore i miei vestiti più leggeri, anche se molti erano piccoli, perché nel frattempo ho preso qualche altro chilo. Però, **non si sa mai...** (man weiß es nicht) **magari** (vielleicht) **dimagrisco** (nehme ich ab)! Poi ho sistemato l'abbigliamento invernale in scatole, che ho messo sull'armadio.

Nei giorni seguenti le giornate **si sono allungate** (wurden länger), l'aria è diventata più **mite** (mild), ma all'improvviso è tornato il **gelo** (Frost).

È proprio vero che **una rondine non fa primavera** (eine Schwalbe macht noch keinen Sommer)...

Così ho ripreso dalle scatole alcuni maglioni e pantaloni pesanti
e in pochi giorni nel mio armadio è tornato il caos.

ist ausgebrochen
Quando **è scoppiato** il caldo avevo ancora sciarpe e
Strumpfhosen
calzamaglie tra i costumi da bagno e le canottiere.

Nell'armadio non mi orientavo più, indossavo sempre gli stessi
vestiti e ogni mattina ripetevo: "Non ho niente da mettere!".

Un vero incubo!

Poi, finalmente, in un pomeriggio di ottobre, mentre passeggiavo
trockene Blätter
sulle **foglie secche** di un viale in centro, la mia vita è cambiata:
ho scoperto Marie Kondo! Sono entrata in una libreria e ho
Neuordnung
letto qualche pagina del suo libro *Il magico potere del* **riordino**:
Ansatz
prometteva un nuovo **approccio** alla vita, alle cose, alla felicità.

E così, senza pensarci troppo, l'ho acquistato e ho passato una
notte a leggerlo.

Ora non vedo l'ora di cominciare! Sono certa che il mio armadio
non sarà più lo stesso!

leeren
Per prima cosa bisogna **svuotare** completamente mobili,
cassetti e scatole e mettere tutto sul letto: abbigliamento estivo,
Übergangszeit inbegriffen
invernale e da **mezza stagione**. Scarpe e accessori **compresi**.

Questo aiuta a capire quanti oggetti si possiedono. Nel mio caso tantissimi, troppi. Infatti il letto non basta e devo utilizzare anche tutto il pavimento della mia camera da letto.

In questa fase, però, si fanno anche delle scoperte molto **singolari** (ungewöhnlich). Per esempio, ho scoperto di avere dieci cappelli di lana più o meno simili, stesso colore, stesso modello. Mi servono tutti? Forse no.

Poi ho ritrovato alcuni vestiti vecchissimi che avevo dimenticato, forse per un motivo ben preciso.

A questo punto arriva il momento più importante di tutta l'operazione: **buttare** (wegwerfen)! Per me che conservo anche il calzino **spaiato** (unpaarig) del 1987 è una cosa difficilissima da fare, ma ho capito che era necessario.

Ma cosa buttare e cosa tenere?

Si tiene solo quello che ci fa emozionare e ci rende felici. Ecco la magia!

Marie Kondo suggerisce di prendere tra le mani ogni singolo oggetto e tenerlo così per qualche secondo. Se ci **trasmette** (vermittelt) gioia, lo teniamo, altrimenti lo buttiamo. Però, prima di

metterlo da parte (es beiseitelegen), è molto importante **accarezzare** (streicheln) ogni **capo** ((Kleidungs)Stück) e ringraziarlo.

Quindi prendo in mano una giacca, la accarezzo e ricordo immediatamente quando l'ho indossata l'unica volta: era il **funerale** (Beerdigung) di mia madre, il mio fidanzato mi aveva appena lasciato, **faceva un freddo cane** (es war saukalt) e il parrucchiere mi aveva tagliato i capelli: sembravo un **lampadario** (Kronleuchter).

Mi sento a disagio, così accarezzo la giacca, le dico qualche parola dolce: "Grazie, giacca, mi hai tenuto al caldo in uno dei momenti più brutti della mia vita, ma adesso puoi andare, non ho più bisogno di te". Ancora qualche carezza e **via** (los) nel sacco!

Poi prendo un paio di pantaloni. Li ho comprati **in piena estate** (im Hochsommer), mi stavano già un po' stretti, poi durante le vacanze sono ingrassata e al ritorno i pantaloni non mi entravano più. Ogni volta che li vedo mi ricordo dell'**afa** (Schwüle) di quei giorni e mi arrabbio per i soldi **sprecati** (verschwendet). Così accarezzo anche loro: "Grazie, pantaloni, mi avete vestito quando ero magra, adesso potete andare".

Continuo così per tutto il giorno, riempio sacchi e sacchi di vestiti. Poi pulisco i mobili con cura e li riempio con quello che è rimasto.

Ma cosa è rimasto? Molto poco.

Qualche pantalone, un paio di camicie, tre maglioni, un abito. Poche scarpe (le altre mi facevano male e non le ho nemmeno ringraziate…) e un po' di accessori. Sono tutte cose che mi danno gioia.

Porto i sacchi nel garage, nei prossimi giorni li porterò a un'associazione di volontariato.

A casa, ammiro il mio guardaroba minimalista: sembra proprio una magia. Prima non si capiva nulla, adesso si vede tutto quello che contiene. Certo, è vuoto!

Sento una leggera **vertigine** (Schwindel). E anche un po' di nausea. Mi siedo sul letto. Guardo l'armadio e sento un **fischio** (Pfeifen) nelle orecchie. Poi capisco. Mi tolgo velocemente il pigiama e metto l'unico abito rimasto nell'armadio: adesso so come posso rendere magico il mio guardaroba. Con un bel pomeriggio di shopping!

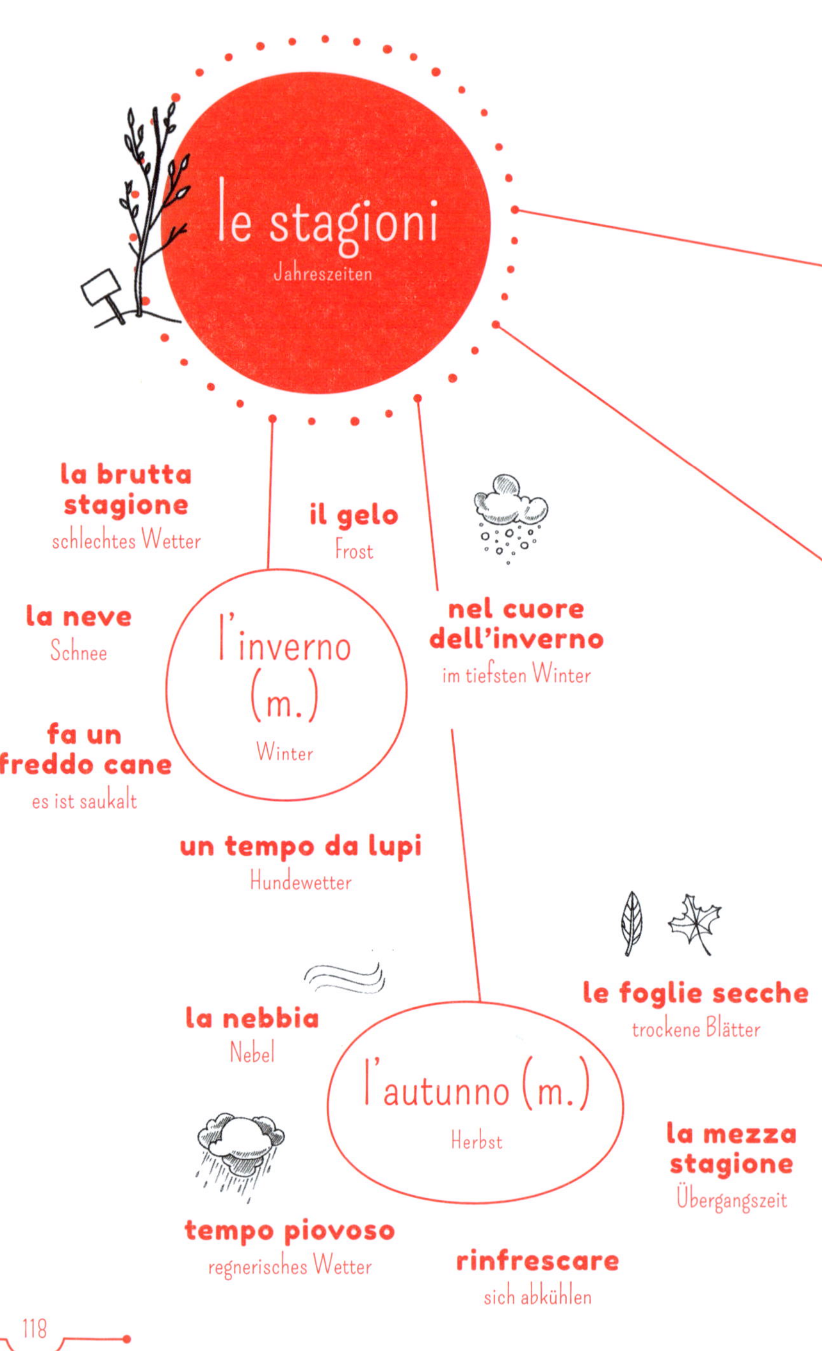
le stagioni
Jahreszeiten
la brutta stagione
schlechtes Wetter
il gelo
Frost
la neve
Schnee
l'inverno (m.)
Winter
nel cuore dell'inverno
im tiefsten Winter
fa un freddo cane
es ist saukalt
un tempo da lupi
Hundewetter
le foglie secche
trockene Blätter
la nebbia
Nebel
l'autunno (m.)
Herbst
la mezza stagione
Übergangszeit
tempo piovoso
regnerisches Wetter
rinfrescare
sich abkühlen

germogliare
sprießen

tempo mite/ variabile
mildes/wechselhaftes Wetter

fiorire
blühen

la primavera
Frühling

una rondine non fa primavera
eine Schwalbe macht noch keinen Sommer

l'ora (f.) legale
Sommerzeit

le pulizie di primavera (pl.)
Frühjahrsputz

l'afa (f.)
Schwüle

un sole che spacca le pietre
Gluthitze

l'estate (m.)
Sommer

la canicola
Hundstage

la calura
Hitze

la bella stagione
schönes Wetter

in piena estate
im Hochsommer

Ma è davvero un male?

Unglück
"Che **sfortuna**!", protesta Vincenzo, mentre entra nello
Umkleideraum
spogliatoio.

"Che succede, Vince'?", chiede l'amico Filippo.

eine schwarze Katze
"Mentre venivo qui, **un gatto nero** mi ha attraversato la
Match
strada! E oggi abbiamo la **partita**!".

Pech
"No! Che **iella**! E non potevi cambiare strada?".

Ich habe auf Holz geklopft
"E dove andavo? **Ho toccato ferro** e sono passato", risponde tristemente Vincenzo.

Es ist gut, dass / hornförmiges Amulett
"**Meno male che** ho sempre in tasca un **cornetto**! Di solito
bringt Glück
porta bene!", dice l'amico.

beeilt euch / Trainer
"Forza, ragazzi, **sbrigatevi**!", entra l'**allenatore**. "Che
Dummheiten
stupidaggini state dicendo?".

"Niente...", rispondono i due amici a bassa voce.

Glück
"La **fortuna** non esiste!", dice l'allenatore.

"Ma la sfortuna sì, mister!", risponde Vincenzo.

"Queste sono solo stupide **superstizioni** (Aberglauben)! Vi racconto una storia che mi ha insegnato mio nonno.

Un contadino cinese e il figlio vivono in un villaggio molto povero e hanno un solo cavallo.

Un giorno il cavallo **scappa** (läuft weg). I vicini corrono a **consolare** (trösten) il contadino per la **disgrazia** (Unglück), ma lui **sentenzia** (gibt das Urteil ab): 'Ma è davvero un male?'.

Dopo diversi giorni, il cavallo torna insieme ad altri cinque cavalli **purosangue** (reinrassig) e in salute. I vicini **si congratulano** (gratulieren) con il contadino per la fortuna, ma lui sentenzia: 'Ma è davvero un bene?'.

Dopo un po' di tempo, il figlio del contadino cade da uno dei cavalli e si rompe una gamba. Ancora una volta i vicini vanno dal contadino e lui dice: 'Ma è davvero un male?'.

Poco dopo, il paese entra in guerra e tutti i giovani del villaggio partono e muoiono in battaglia, **tranne** (außer) il figlio del contadino, **per via** (wegen) della gamba rotta...

Insomma, avete capito? La vita va come deve andare. La fortuna è solo una nostra invenzione! E adesso, **in bocca al lupo** (toi, toi, toi) per la partita!", dice l'allenatore.

Tra le risate, i ragazzi vanno a giocare la loro partita di pallacanestro. Dopo la vittoria, escono dalla palestra felici e contenti.

"Domani vado da mio cugino", dice Vincenzo.

"Come mai?", chiede Filippo.

"Esce con una ragazza, che ha una cugina molto carina. E quindi vado anch'io e usciamo in quattro!".

Glücksfall Du bist ein Glückspilz!
"Che **colpo di fortuna**! **Sei** proprio **nato con la camicia**!", dice Filippo.

"Ma è davvero un bene?", chiede Vincenzo.

I ragazzi scoppiano a ridere e si salutano.

Freitag, der 17
"Allora fai attenzione che domani è **venerdì 17***!", gli grida da lontano Filippo.

den Teufel an die Wand malen
"Non **fare l'uccello del malaugurio**", dice Vincenzo.

Moped
Il giorno dopo, Vincenzo prende il suo **motorino** per raggiungere il paese vicino, dove vive il cugino.

flucht / den bösen Blick
A un certo punto, nelle strade buie e strette di campagna, il motorino si ferma. Vincenzo **impreca**, afferra il cellulare, ma in quella zona non prende: "Qualcuno mi ha fatto il **malocchio**! ".

Poi ripensa alla storia dell'allenatore e dice fra sé: "Ma è davvero un male?".

Poco dopo vede una casa illuminata: "Sono proprio fortunato!".

Poi ci riflette e si chiede: "Ma è davvero un bene?".

Il ragazzo si avvicina al cancello e suona per chiedere aiuto: "Scusate, il mio motorino si è fermato e il cellulare non prende. Posso fare una telefonata?".

Gli risponde un uomo, che gli apre. Vincenzo si presenta alla porta. L'uomo non dice nulla, **lo guarda di traverso** (sieht ihn schief an), poi lo **fa entrare** (lässt herein) e gli porge il telefono.

Vincenzo si sente a disagio, poi si fa coraggio. "Ma è davvero un male?", dice fra sé.

Chiama suo cugino. "Passo a prendere le ragazze e poi veniamo lì!", gli risponde lui.

Vincenzo chiude la telefonata e torna alla porta. "Grazie, signore, posso aspettare fuori, verranno a prendermi fra meno di un'ora".

A quel punto arriva una donna, forse la moglie, **squadra** (mustert) Vincenzo dalla testa ai piedi e dice: "Vieni a mangiare con noi. Non puoi stare un'ora fuori al freddo".

Vincenzo è **imbarazzato** (verlegen), ma fa un sorriso e segue la signora.

"Ma è davvero un bene?", pensa tra sé.

In cucina, a tavola, ci sono altre due persone: una bambina e, di spalle, una ragazza. La piccola lo saluta allegramente. La signora mette un altro piatto in tavola e Vincenzo si siede.

E quello che vede è un **miracolo** (Wunder). La ragazza più bella del mondo! Vincenzo diventa tutto rosso e inizia a sudare. Lei, gentile e tranquilla, gli offre la pasta. I ragazzi si guardano. Lei sorride.

La cena è piacevole. Vincenzo racconta la sua **avventura** (Abenteuer) in motorino, parla di sé, dello sport, della scuola che frequenta... e scopre che anche la ragazza, che si chiama Paola, frequenta la stessa.

"Che **coincidenza** (Zufall)!", dice la bambina.

"No, no, questo è **destino** (Schicksal)!", pensa Vincenzo mentre guarda Paola negli occhi.

Improvvisamente suona il campanello, deve andare. Vincenzo ringrazia dell'**ospitalità** (Gastfreundschaft) e si alza felice. Prende la giacca dall'**appendiabiti** (Kleiderständer), si gira, **resta impigliato** (bleibt hängen) in qualcosa... tira e... si sente un rumore di **vetro infranto** (zerbrochenes Glas).

"Oddio! Sette anni di disgrazia!", urla la padrona di casa.

Per terra c'è uno **specchio rotto** (zerbrochener Spiegel) in mille pezzi.

Imbarazzato, Vincenzo dice: "Ma è davvero un male? Sapete, il mio allenatore dice che...".

Alza gli occhi sulla famiglia: tutti lo guardano in silenzio.

"**C'era una volta** (Es war einmal) un contadino cinese...", prova a continuare.

Ma l'atmosfera è terribile, il padre non è molto tranquillo, la madre si tiene la testa tra le mani e Paola guarda lo specchio rotto con gli occhi **sbarrati** (aufgerissen).

Così Vincenzo si gira e scappa via.

Forse la fortuna non esiste, ma la sfortuna sicuramente sì!

* Anders als in Deutschland gilt in Italien nicht Freitag, der 13. sondern **venerdì 17** als Pechtag.

la superstizione
Aberglaube
la iella
Pech
la maledizione
Fluch
la sfortuna
Unglück
la disgrazia
Unglück
il malocchio
böser Blick
il gatto nero
schwarze Katze
rompere uno specchio
einen Spiegel brechen
porta sfortuna/male
das bringt Unglück
rovesciare il sale
das Salz verschütten
il venerdì 17
Freitag, der 17

un colpo di fortuna
Glücksfall

la riuscita
Erfolg

la buona sorte
Glück

la fortuna
Glück

il ferro di cavallo
Hufeisen

incrociare le dita
die Daumen drücken

porta fortuna/bene
das bringt Glück

toccare ferro
auf Holz klopfen

il quadrifoglio
vierblättriges Kleeblatt

il cornetto
hornförmiges Amulett

il portafortuna
Glücksbringer

in bocca al lupo!
toi, toi, toi!

i modi di dire
Redewendungen

fare l'uccello (m.) del malaugurio
den Teufel an die Wand malen

essere baciati dalla fortuna
vom Glück geküsst werden

nascere con la camicia
ein Glückspilz sein

nascere sotto una buona/cattiva stella
unter einem guten/schlechten Stern geboren sein

Bildnachweis

Adobe Stock: 102, 103 (jivopira);
Getty Images, München: **30, 31, 95, 110** (fleaz); **54, 55** (macrovector);
22, 86, 111 (Natasha_Pankina); **70** (Paket); **30, 62, 63, 95, 127** (veekicl); **87** (WINS86);
Shutterstock, New York: **47** (alicedaniel); **15** (ArtMari); **63, 79** (artnLera); **U1** (Atstock Productions); **47, 78, 86, 126** (AuraArt); **102** (AuraLux); **14, 15, 55, 86, 102, 127** (balabolka); **95, 103, 110** (Daniela Barreto); **46** (Elena Kazanskaya); **15, 2** (Eugenia Petrovskaya); **38, 39** (Fafarumba); **22, 23, 86, 87** (Farah Sadikhova); **14, 15, 23, 78** (GooseFrol); **47** (Haryadi CH); **126** (Ihnatovich Maryia); **46, 118** (Katakata); **127** (KateMacate); **86, 87** (mhatzapa); **22** (MSSA); **46, 47, 118, 119** (Multigon); **110** (Natasha Pankina); **94** (Netkoff); **126** (nubenamo); **87, 94, 95** (Orfeev); **126** (Panda Vector); **U1** (PHOTOCREO Michal Bednarek); **30, 38, 39, 79, 86, 87, 102, 111, 118, 119; 126** (primiaou); **54, 55** (Prokhorovich); **70** (Rattikankeawpun); **62, 70, 110, 119** (redchocolate); **127** (Saint A); **15** (snorks); **118** (TatianaKost94); **54, 55** (topform); **22** (Victoria Sergeeva); **119** (Yuzach)